I WYNEB Y DDRYCIN

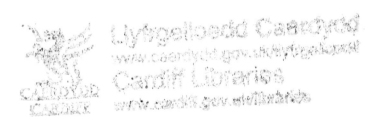

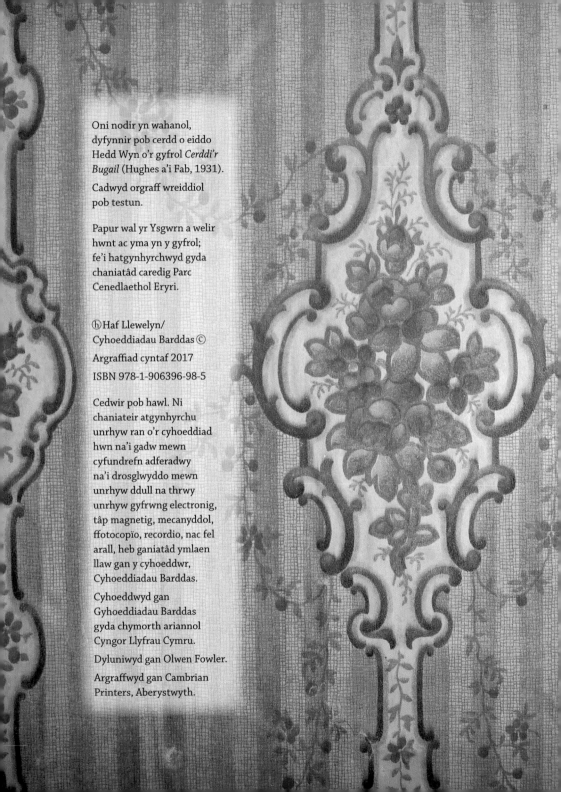

Oni nodir yn wahanol,
dyfynnir pob cerdd o eiddo
Hedd Wyn o'r gyfrol *Cerddi'r
Bugail* (Hughes a'i Fab, 1931).

Cadwyd orgraff wreiddiol
pob testun.

Papur wal yr Ysgwrn a welir
hwnt ac yma yn y gyfrol;
fe'i hatgynhyrchwyd gyda
chaniatâd caredig Parc
Cenedlaethol Eryri.

ⓗ Haf Llewelyn/
Cyhoeddiadau Barddas ©
Argraffiad cyntaf 2017
ISBN 978-1-906396-98-5

Cyhoeddwyd gan
Gyhoeddiadau Barddas
gyda chymorth ariannol
Cyngor Llyfrau Cymru.

Dyluniwyd gan Olwen Fowler.

Argraffwyd gan Cambrian
Printers, Aberystwyth.

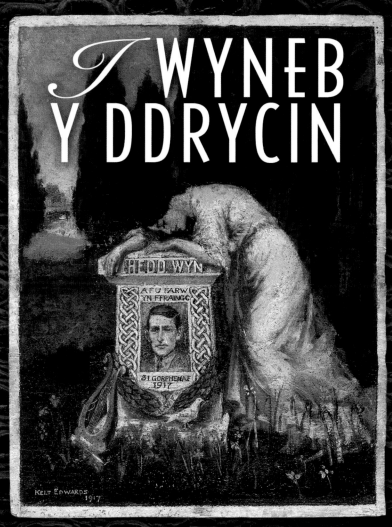

I WYNEB Y DDRYCIN

HEDD WYN, YR YSGWRN A'R RHYFEL MAWR

HAF LLEWELYN

Cyhoeddiadau
barddas

CYNNWYS

Y BLOTYN DU

Nid oes gennym hawl ar y sêr,
Na'r lleuad hiraethus chwaith,
Na'r cwmwl o aur a ymylch
Yng nghanol y glesni maith.

Nid oes gennym hawl ar ddim byd
Ond ar yr hen ddaear wyw;
A honno sy'n anhrefn i gyd
Yng nghanol gogoniant Duw.

Hedd Wyn

EISTEDDFOD Y GADAIR DDU

Dydd Iau, 6 Medi 1917, ac mae tyrfa fawr Eisteddfod Genedlaethol Birkenhead yn barod. Mae'r Prif Weinidog Mr David Lloyd George wedi gorffen ei araith, ac mae'n eistedd. Rhed murmur o gyffro trwy'r gynulleidfa. Daw rhywun â chadair i flaen y llwyfan, cadair gerfiedig, o waith saer o Wlad Belg, ffoadur

Y Gadair Ddu.

Ar ol araith y Prifweinidog, cliriwyd y llwyfan er myned trwy'r seremoni o gadeirio y bardd, gosodwyd cadair dderw gerfiedig (o waith un o'r Belgians sydd yn alltud yn y wlad hon) ar ganol y llwyfan ; yna daeth Mr. Gwynn Jones a darllenodd ei feirniadaeth ei hun, Dyfed, a'r Parch. J. J. Williams ar yr awdlau a anfonwyd i fewn ar y testyn "Yr Arwr," a chyhoeddodd mai y buddugol oedd un yn dwyn yr enw, "Fleur de Lys." Yna galwodd Dyfed amo i amlygu ei hun, ond nid oedd llais nag atebiad. Yna o gefn y llwyfan daeth boneddwr ymlaen a sibrydodd genadwri i glustiau Dyfed, yr hwn a ddaeth ymlaen gyda gwedd ddwys a difrifol, a hysbysodd fod y buddugol wedi syrthio yn y frwydr, a'i fod yn gorwedd yn nhawelwch y bedd, mewn gwlad estronol er Gorffennaf diweddaf. Bugail ydoedd wrth ei alwedigaeth, ac yr oedd wedi yfed yn ddwfn o farddoniaeth y mynydd a'i ysbryd wedi ei drwytho ganddo. Ei enw oedd Ellis Evans (Hedd Wyn), Trawsfynydd. Dywedai yr Arch-dderwydd yn wyneb yr hyn oedd wedi cymryd lle fod yn amhosibl myned ymlaen gyda seremoni y cadeirio. Yn lle hynny arwisgwyd y gadair a du. Creodd yr hysbysiad hwn, er nad oedd yn hollol annisgwyliadwy, ryw ymdeimlad dwfn o dristwch trwy yr holl gynulleidfa, ac fel yr oedd y brethyn du yn cael ei daenu dros y gamp ag oedd wedi ei hennill gan athrylith y milwr cododd yr holl dyrfa mewn tawelwch a safasant ar eu traed, y dynion wedi ymddiosg am eu pennau. Hysbysodd Llew Tegid fod Preifat Ellis Evans yn 29ain oed, ei fod yn flaenorol wedi ennill pump o gadeiriau mewn eisteddfodau taleithiol yn y Dehau, a'i fod yn ail oreu yn eisteddfod Genedlaethol Aberystwyth y flwyddyn ddiweddaf, a thra 'roedd Dyfed, Elfed ac eraill yn adrodd englynion coffadwriaethol, llifai y dagrau dros ruddiau y dorf, a chlywyd aml i lef ddolefus. Yna yng nghanol teimlad dwys, canodd Madam Laura Evans i "Blas Gogerddan."

o'r enw Eugeen Vanfleteren. Mae'r llwyfan yn barod ar gyfer seremoni cadeirio'r bardd. Mae pawb yn tawelu wrth i'r beirniad orffen traddodi'r feirniadaeth; yna, mae'r sibrwd yn cynyddu; mae yna deilyngdod. Teitl yr awdl fuddugol yw 'Yr Arwr'; mae'r gynulleidfa yn aros i weld pwy fydd eu harwr hwy. Ei ffugenw yw *Fleur-de-lis*. Pwy fydd y bardd buddugol tybed? Mae cyffro'n llenwi'r lle. Daw'r Archdderwydd Dyfed ymlaen yn ei ddillad gwynion, ac mae'n aros am dawelwch cyn gofyn i'r bardd buddugol godi. Mae'n gofyn i *Fleur-de-lis* godi ar ei draed, ond nid oes neb yn ateb y cais. Does neb yn codi.

Cerdda gŵr bonheddig ar draws y llwyfan a sibrwd rhywbeth yng nghlust Dyfed, yr Archdderwydd. Daw Dyfed ymlaen i annerch y gynulleidfa eto, ac mae ei wyneb yn ddi-wên.

Cyhoedda mai enw'r bardd buddugol yw Ellis Humphrey Evans, o Drawsfynydd – Hedd Wyn. Yna mae'n cyhoeddi'r newydd trist nad yw'r bardd yn bresennol, oherwydd iddo golli ei fywyd ychydig wythnosau ynghynt yn y ffosydd yng Ngwlad Belg.

Mae'r gynulleidfa yn rhoi ochenaid. Nid yw'r newyddion yn annisgwyl, wrth gwrs – mae cysgod y rhyfel ofnadwy hwn yn drwm ar yr eisteddfod. Ychydig oriau ynghynt bu seremoni fer i gofio am un o'r corau fu'n fuddugol yn Eisteddfod Bangor 1915 – côr ail fataliwn ar bymtheg y Welsh Brigade. Bu i bob aelod o'r côr hwnnw farw ar feysydd gwaedlyd brwydrau'r Rhyfel Mawr.

Ond rhywsut, pan mae Dyfed yn gorchuddio'r gadair gerfiedig gyda'r brethyn du, mae'r tawelwch yn dyfnhau. Mae pawb yno'n gwybod eu bod yn rhan o ddigwyddiad fydd wedi ei serio ar gof cenedl. Eisteddfod Birkenhead 1917 – Eisteddfod y Gadair Ddu.

Evan Evans

Oll Plant Evan a Mary Evans,

Ellis H. Evans, Ganwyd yr Ionawr 13 1887

David Evans. Ganwyd hwn Mai 5. 1888

Mary Evans Ganwyd hon Mehefin 15. 188?

Kate Evans Ganwyd Ebrill 8fed 1891

Llywelyn Lewis Evans, Ganwyd, Hytref 10 1892

Sarah Ann Evans, Ganwyd, Ebrill 23. 1894

Maggie Evans Ganwyd Mai 4. 1895

Ganwyd marw anedig i Mary Evans
Awst 21 1896

Llewelyn Lewis Evans. Ganwyd
Awst 10. 1897,

Robert Llewelyn Evans, Tachwedd
24. 1898

Geneth marwanedig ganwyd Ebr...
Evan Morris Evans Ganwyd Me... 1901
Ann. Ganwyd hon. Rhagfyr 10fed 1903
Gnid ganwyd hon chwefror ...

PENNOD 1:
'GWYNTOEDD A MYNYDDOEDD – YR OEDD Y RHEINY YN RHAN OHONO ...'

Ganed Ellis Humphrey Evans ar 13 Ionawr 1887, ym Mhen-lan, Trawsfynydd yn fab i Mary ac Evan Evans. Yno, ar aelwyd ei daid a'i nain ar ochr ei fam y treuliodd fisoedd cyntaf ei fywyd cyn i'r teulu bach symud i fferm yr Ysgwrn ar lethrau deheuol Cwm Prysor.

Bu teulu Ellis yn denantiaid yn yr Ysgwrn ers tua 1840 a bu Evan Evans yn ffermio'r Ysgwrn gyda'i frawd Robert, hoff ewyrth Ellis, am gyfnod. Ellis oedd plentyn cyntaf Mary ac Evan Evans, y cyntaf o un ar ddeg o blant a oedd yn agos iawn o ran eu hoedran. Cofnodir enwau a dyddiad geni pob un ohonynt ym meibl y teulu yn yr Ysgwrn, fel oedd yn arferol bryd hynny.

16 Tachwedd 1886:	Priodas Evan Evans a Mary Morris (rhieni Hedd Wyn)
13 Ionawr 1887:	g. Ellis Humphrey Evans (Hedd Wyn)
25 Mai 1888:	g. David Evans (Dafydd)
15 Mehefin 1889:	g. Mary Evans
8 Ebrill 1891:	g. Kate Evans (Cati)
10 Hydref 1892:	g. Llywelyn Lewis Evans (bu farw Awst 1897)
23 Ebrill 1894:	g. Sarah Ann Evans (bu farw Medi 1897)
4 Mai 1895:	g. Maggie Evans (Magi)
24 Tachwedd 1898:	g. Robert Llywelyn Evans (Bob)
30 Mehefin 1901:	g. Evan Morris Evans (Ifan)
10 Rhagfyr 1903:	g. Ann Evans (Anni)
10 Chwefror 1907:	g. Enid Evans

g. = Ganed

Does dim dwywaith bod Ellis a'i frodyr a'i chwiorydd wedi derbyn magwraeth ar aelwyd ddiwylliedig, gyda'r ysgol Sul, y capel a digwyddiadau o fewn y gymuned – eisteddfodau lleol ac ati – yn chwarae rhan bwysig yn eu bywydau. Yn hyn o beth, roedden nhw'n ddigon nodweddiadol o nifer o deuluoedd eraill yng nghefn gwlad Cymru. Ac fel yn achos sawl teulu arall, roedd colledion a thor calon wedi taro teulu'r Ysgwrn hefyd.

Cefn, o'r chwith i'r dde: Hedd Wyn, Cati, Magi, Dafydd, Mary; rhes flaen, o'r chwith i'r dde: Mary Evans, gydag Enid ar ei glin, Ifan (Evan), Ann, Bob ac Evan Evans

Bu farw dau o'r plant, sef Llywelyn a Sarah, o fewn dyddiau i'w gilydd yn 1897: Llywelyn yn bedair oed, a Sarah yn ddim ond tair. Mae cofnod hefyd fod plentyn arall o'r enw Llywelyn wedi ei eni yn 1897 (yn dilyn marwolaeth ei frawd hŷn o'r un enw); nid oes gofnod ohono yng nghyfrifiad 1901, felly byddai wedi marw cyn bod yn bedair blwydd oed. Roedd afiechydon yn gyffredin yn y cyfnod, a heb feddyginiaethau addas roedd salwch yn gallu bod yn fygythiad gwirioneddol, yn arbennig felly i fywydau plant.

Ni wyddom pa afiechyd y bu Llywelyn a Sarah farw ohono, ond mae tystiolaeth yn awgrymu i'r plant ddioddef twymyn ffyrnig ychydig cyn eu marwolaeth. Yn ôl y sôn, roedd cymdoges wedi galw heibio'r Ysgwrn wedi iddi fod yn ymweld â ffermdy arall yn yr ardal, ar aelwyd lle'r oedd y plant wedi bod yn dioddef o'r dwymyn. Mae'n debyg iddi estyn chwiban o'i bag er mwyn i blant yr Ysgwrn gael chwarae ag o, heb sylweddoli bod y tegan wedi bod yn achos llawer o hwyl yn y ffermdy blaenorol hefyd. Does wybod faint o wirionedd sydd yn y stori, ond cafodd y ddau fach eu taro'n wael ac nid oedd gwella iddynt. Claddwyd y ddau ar yr un diwrnod ym mynwent capel Penstryd, Bronaber ger Trawsfynydd. Nid dyma oedd yr unig golledion i'r teulu eu dioddef. Yr oedd dau blentyn marwanedig wedi eu geni i Mary Evans, un yn 1896 a'r llall yn 1900.

Daeth ergyd arall i'r teulu yn 1918, flwyddyn wedi colli Ellis, pan fu farw Dafydd yn ŵr ifanc 30 oed o'r ffliw, ac yntau erbyn hynny wedi ymfudo i Seland Newydd. Bu'r ffliw hwn yn gyfrifol am fwy o farwolaethau ledled y byd na'r Rhyfel Mawr ei hun.

Er gwaetha'r tristwch a'r tor calon a ddaeth i ran teulu'r Ysgwrn dros y blynyddoedd, parhaodd yn aelwyd glòs a chynnes, gyda gofal y rhieni dros eu plant, a'r plant yn eu tro dros ei gilydd, yn amlwg. Yr oedd hi hefyd yn aelwyd brysur, gyda digon o waith caled yn galw, ac roedd y plant yn rhan ganolog o'r prysurdeb hwnnw, wrth gwrs. I lawr i bentref Trawsfynydd y byddai Ellis a'i frodyr a'i chwiorydd yn mynd i'r ysgol. Ond oherwydd y pellter, mae'n

Dafydd (David) Evans

N Zealand

' Anwyl Deulu,

Gan obeithio eich bod oll yn iach yr wyf yn cymeryd y plesar o ysgrifenu rhyw air neu ddau atoch, yr wyf yn credu fod llawer o lythyrau yn mynd ar grwydr mi ysgrifenais lythyr at chwaer Jac Cattrell rhyw dro cyn y Nadolig ond chlywais i ryn gair o son am dano ar ol hyny ac mae llawer o llythyrau eraill wedi mynd yr un modd, wel does dim iw glywed yma ar hyn o bryd ond y rhyfel a llawer yn lisdio, tydwi ddim wedi listio eto ond yr wyf yn bwriadu gwneyd cyn hir mae petha yn edrych ddigon drwg ar hyn o bryd, tydachi ddim wedi gyru papur newyd ers talwm, tydw i ddim yn gwybod address Mary na Kati. Wel does genyf ddim iw ddweyd y tro yma, mae yn debyg fod rhyw bwt fel yma yn well na dim, terfynaf gyda chofion atoch oll

Dafydd. '

Llythyr gan Dafydd Evans wedi iddo ymfudo i Seland Newydd. Mae'n sôn ynddo am ei fwriad i ymrestru, ond nid oes tystiolaeth iddo wneud hynny. Yn y llythyr hefyd mae'n sôn am ei ddwy chwaer – sef Mary a Cati. Gwyddom i'r ddwy gyfrannu at yr ymdrech ryfel, a chredir i'r ddwy dderbyn hyfforddiant i wneud menyn a chaws. Yng Ngholeg Madryn yn Llŷn y derbyniodd Mary ei hyfforddiant, cyn symud wedyn i Winchester i hyfforddi eraill. Credir i Cati fod yn Lerpwl am gyfnod, ac yn Abertawe, ond nid oes rhagor o wybodaeth am ei gwaith hi yn ystod blynyddoedd y rhyfel.

Cofnod o ymadawiad Dafydd am Awstralia yn 1910. Ymfudodd wedyn i Seland Newydd, lle bu farw yn 1918.

debyg nad oedd Ellis, mwy na llawer o blant eraill yn y cyfnod, yn mynychu'r ysgol yn ddeddfol. Pe byddai'r tywydd yn arbennig o ddrwg, neu brysurdeb anghyffredin ar y fferm, gartref yn yr Ysgwrn y byddai Ellis.

Er mai ychydig o addysg ffurfiol â gawsai Ellis, gan ymadael â'r ysgol yn ei arddegau cynnar, roedd yr Ysgwrn yn aelwyd ddiwylliedig, gyda bri yn cael ei roi ar lenydda ac ar ddiwylliant yn gyffredinol. Yn y cyfnod hwn roedd cyfarfodydd bach, cyngherddau ac eisteddfodau yn gyffredin, a chan ddilyn traddodiad y teulu, roedd Ellis yn cymryd rhan yn frwd ym mhob agwedd o fywyd diwylliannol yr ardal. Yn ei lyfr *Hen Bethau Anghofiedig*, ysgrifenna Mary Puw Rowlands fel hyn amdano:

> I'n capel ni (Penstryd) y deuai teulu Hedd Wyn, a chyd-gerddai
> Mrs Ifans, ei fam, adre' o'r capel efo ni yn aml iawn ... Gallai Hedd
> Wyn ganu hefyd. Yr oedd ganddo lais teimladwy. 'Hen fwthyn bach
> to gwellt' sydd yn aros yn fy nghof. Canai ar nos Sadwrn wrth 'geg
> yr hen ffordd', a chriw o'r hen *stagers* yn gwrando arno, a phawb
> â'i stori yn ei dro, a chwerthin iach yn seinio drwy'r lle tawel ...
> Tristwch mawr i'r ardal oedd clywed am farw anamserol Hedd Wyn,
> a chofiaf i mi grio am oriau yn fy ngwely y noson honno.
>
> (*Hen Bethau Anghofiedig*, Mary Puw Rowlands, Gwasg Gee, 1963)

Roedd yn gyfnod pan oedd y capeli dan eu sang hefyd, wrth gwrs, ac roedd Ellis yn athro ysgol Sul brwdfrydig.

Arferai chwaer Ellis, Enid Morris, ddweud amdano ei fod yn grefyddol iawn, ac yn hyddysg yn ei feibl. Mae'n siŵr fod hyn yn wir, gan y byddai llawer o drin a thrafod yr ysgrythur yn digwydd yn rheolaidd mewn cyfarfodydd a drefnwyd gan y capeli yn y cyfnod, yn ogystal â'r arfer o ddarllen y beibl gartref ar yr aelwydydd. Roedd yr Ysgwrn yn ddi-os yn aelwyd grefyddol, ac mae dylanwad crefydd a'r beibl yn britho barddoniaeth Ellis. Er hynny, mae ambell gofnod gan gyfoedion eraill yn honni nad oedd Ellis yn gapelwr mawr, ac mai er mwyn gwrando ar rai pobl yn unig yr âi i'r capel.

Mae sawl un o'i gyfoedion yn disgrifio Ellis fel bachgen hoffus, cyfeillgar, gyda digon o hwyl i'w gael yn ei gwmni. Un o'i brif gyfeillion oedd cymydog iddo, Moi Plas, sef Morris Davies, Plas Capten, oedd hefyd yn fardd gwlad. Ymhlith papurau Morris Davies yn y Llyfrgell Genedlaethol ceir yr englyn cynnar isod o eiddo Ellis. Mae'n debyg iddo ei gyfansoddi pan oedd yn llanc ifanc yn ei arddegau cynnar.

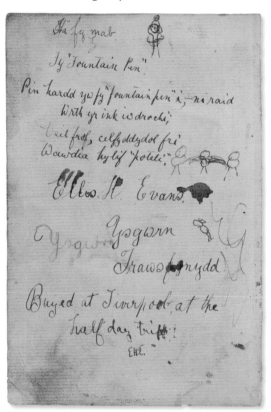

Roedd Moi Plas ac Ellis yr Ysgwrn yn dynwyr coes heb eu hail, mae'n debyg. Mae'r hiwmor annwyl hwn i'w weld yn aml yn y cerddi hynny a ysgrifennodd Ellis i gyfarch cyfeillion a chydnabod. Fel hyn hefyd mae'n disgrifio ei hun mewn rhigwm bach syml:

Dyma fachgen garw iawn
O Drawsfynydd;
Gall dorri gwair a thorri mawn
Yn ysblennydd.
Os nad ydyw ef yn 'ffat'
Mae o'n gegog.
Ar ei ben mae 'Ianci Hat'
Fawr gynddeiriog.

(Llawysgrif Llyfrgell Genedlaethol Cymru: llsgr. 4628C)

Mae myrdd o gerddi o'r math yma ar gael yn dystiolaeth o natur fwyn a hoffus Ellis. Roedd rhigymu, tynnu coes a thynnu sylw at droeon trwstan, yn ogystal â chyfarch ffrindiau, yn rhan bwysig o ddiwylliant cefn gwlad Cymru, ac roedd creu cerddi yn rhan ganolog o fywyd Ellis. Mae nifer o straeon yn parhau yn yr ardal hyd heddiw am arfer Ellis o fod â phapur a phensil yn ei boced neu wrth erchwyn ei wely, ac yntau'n gweld ym mhopeth destun i farddoni. Arferai guddio cerddi bach, cwpledi a rhigymau yma ac acw mewn tyllau yn y cloddiau, a cheir un stori amdano yn cuddio darn o farddoniaeth uwch lintel ffenestr murddun yng nghyffiniau Bronaber. Tybed sawl darn o'i waith sydd wedi eu gadael hwnt ac yma ar lethrau ardal Prysor ac Eden, a dim ond y gwynt wedi eu clywed erioed?

Bardd rhamantaidd oedd Ellis, gyda'i fro enedigol a byd natur – fel y niwl a lynai yng nghilfachau'r bryniau – yn symud yn freuddwydiol trwy ei farddoniaeth. Byddai ei waith fel ffermwr yn caniatáu iddo grwydro'r llethrau o amgylch ei gartref, lle medrai weld draw am Eryri a llethrau'r Wyddfa, y Moelwyn a'r Rhinogydd. Câi ddigon o gyfle i sylwi ar newid y tymhorau o'i amgylch, y ffriddoedd a'r coedydd, y nentydd a'r llynnoedd – roedd digon o destunau, felly, yn eu cynnig eu hunain i fardd ifanc fel Ellis. Y nodweddion hynny sydd yn britho ei waith, fel y dywed William Morris yn ei ragair i *Cerddi'r Bugail* (1931), sef yr argraffiad newydd o gerddi Hedd Wyn a gyhoeddwyd yn wreiddiol yn 1918: 'Bardd y mynydd yw efô; bardd y gwyntoedd, y gorlan a'r grug … O dan hud y rhain y tyfodd ei feddwl, a'u cyfriniaeth hwy yw ei farddoniaeth …'

Wrth bori yn *Cerddi'r Bugail* mae rhywun yn ymdeimlo'n gryf â'r ysbrydoliaeth roedd ei gynefin yn ei rhoi iddo – er enghraifft yr englynion canlynol:

Y Moelwyn

Oer ei drum, garw'i dremynt – yw erioed,
    A'i rug iddo'n emrynt,
    Iach oror, praidd a cherrynt
A'i greigiau'n organau'r gwynt.

Llyn Rhuthlyn

Ail i gyfaredd telyn – rhyw unig
    Riannon gwallt melyn
    Ar nos o haf rhwng bryniau syn
Yw hiraethlais tonnau'r Rhuthlyn.

Nid yw heb ei feirniaid ychwaith, a hynny am iddo aros yn rhy gaeth at fyd natur a'i gynefin. Ond fel y dywed ei gyfaill William Morris (yn *Cymru,* 1918), bardd ar ddechrau ei yrfa ydoedd. Pe bai wedi cael y cyfle, byddai wedi dweud cymaint mwy:

> Mae'r beirniaid yn cwyno braidd fod gormod o'r tarth a'r niwl
> yn aros ar ei feddyliau. Nid oedd neb a adwaenai Hedd Wyn
> na theimlodd hynny ganwaith yn ei gwmni. Bardd ieuanc wedi
> cychwyn ar antur fawr ydoedd ef. Yr oeddwn yn credu bob amser
> fod iddo genadwri arbennig, ond cyn aeddfedu o'r genadwri honno
> wele'r cennad wedi ei lorio ac yntau'n dringo'n araf i'w ganolddydd
> … ysywaeth ni chafodd fyw i weled yr haul yn ymlid y niwloedd.

Ond yr oedd yn fardd oedd yn canu i'w gymdeithas hefyd, ac yn wir, ystyrid Ellis yn llais gyda'r mwyaf adnabyddus yn y cyfnod hwn yn ardal Trawsfynydd a Ffestiniog. Byddai'n gweithio englynion coffa a cherddi cyfarch yn wythnosol a châi ei waith le amlwg mewn cyfarfodydd o bob math, yn ogystal ag mewn cyhoeddiadau lleol. Daeth yn un o'r rhai oedd yn cofnodi digwyddiadau ac yn aml yn gweithio cerddi i nodi achlysuron trist oedd yn effeithio ar ei gymuned. Dyma gerdd er cof am John G. Owen, gŵr o Drawsfynydd fu farw yn nhanchwa fawr Senghennydd, Hydref 1913:

> Roedd fywiog ei ysgog a'i lafar,
> Pan weithiai dros ddyn a Duw
> A gwelid ei fywyd tan hawddgar
> Adain y cysegr yn byw.
>
> Eithr ni a'i collasom fel gwennol
> Fo'n ceisio am decach hin
> Ble heddiw mae plentyn yr ysgol
> A'r llais fu nghorau y ffin?
>
> Ond clywsom un bore ei godi
> O dduwch y damchwa ddrud
> A churiad ei waed wedi oeri
> A'i dafod am byth yn fud.

Ac ofer i hen fro Trawsfynydd
Ei ddisgwyl byth mwyach 'am dro'
Cans mynwent sy'n erwau Senghenydd
Ac yntau ynghwsg yn ei gro.

(O gasgliad Betty Roberts, Gilfach-wen,
Trawsfynydd, Archifdy Dolgellau)

Ymysg ei englynion mwyaf adnabyddus y mae'r englynion coffa canlynol:

Gwennie

Gwynnach oedd bywyd Gwennie – na'r ewyn
   Chwaraea uwch dyfnlli,
   Neu'r annwyl flodau rheini
   Oedd ar ei harch dderw hi.

Heb ball caiff rodio bellach – hyd heulog
   Ardaloedd di-rwgnach;
   Mae nef wen yn amgenach
   Na helynt byd i blant bach.

Ac yntau yn ei ugeiniau, datblygodd i fod yn wyneb cyhoeddus amlwg yn ogystal, gyda galw arno i arwain cyngherddau a chyfarfodydd cyhoeddus o bob math. Mae'n deg dweud ei fod yn fachgen ifanc poblogaidd yn ei ardal, cymeriad oedd yn ennyn hoffter a pharch ymysg ei gyfoedion a'r genhedlaeth hŷn fel ei gilydd.

Roedd Ellis yn hoff iawn o'i gynefin, felly, ond fel nifer fawr o'i gyfoedion o ogledd Cymru, fe fentrodd i lawr i'r de, a hynny yn 1908. Ac yntau'n un ar hugain oed, aeth i lawr i Abercynon i weithio yn y lofa yno. Roedd dechrau'r ugeinfed ganrif yn gyfnod o gyni yng nghefn gwlad Cymru ac efallai mai chwilio am antur roedd Ellis, neu fod ganddo ryw awydd mentro i roi cynnig ar waith gwahanol, i chwilio am ychydig gwell byd. Ond bu'r hiraeth am ei fro yn ddigon i'w anfon yn ei ôl am Drawsfynydd o fewn tri mis. Fel hyn y canodd tra bu ar ei hynt yn y de:

Yn iraidd ŵr fe ddof ryw ddydd – adref
  I grwydro'r hen froydd;
  Yn y South fy nghorffyn sydd
  A f'enaid yn Nhrawsfynydd.

Roedd y traddodiad o weithio englyn, neu benillion, yn fyw iawn yn ardal Meirionnydd yn ystod y cyfnod hwn, ac roedd Ellis wedi ei fagu yng nghanol y traddodiad hwnnw. Roedd ei dad yn fardd, ac roedd nifer o feirdd a llenorion yn y teulu ar ochr ei fam a'i dad.

Mae un hanesyn difyr am Ellis, ac yntau yn fachgen ifanc tua un ar ddeg oed, yn helpu ei dad i drin y mawn un diwrnod, pan ddaeth y gweinidog J. Dyfnallt Owen heibio. Yn ôl un fersiwn o'r hanes, heriodd Dyfnallt Evan Evans, tad Ellis, i lunio englyn i'r das fawn, ac yna aeth yn ei flaen ar ei daith. Pan ddaeth yn ei ôl bu'r ddau ddyn yn trafod englynion y naill a'r llall, yn eu cymharu, mae'n debyg, ac yn trafod rhagoriaeth y naill dros y llall, cyn i Ellis wthio llechen i law ei dad. Ar y llechen roedd yr englyn canlynol gan Ellis ei hun:

O bob cwr bawb yn cario – i'w godi
  Yn gadarn a chryno;
  Yn hwylus cadd ei heilio,
  Yn dynn o fawn, a dyna fo.

Dyfynnir yma o gyfrol William Morris, *Hedd Wyn*, ond mae mwy nag un fersiwn ar gael; yn ôl y sôn dyma oedd ymgais gyntaf Ellis ar weithio englyn.

Roedd ardal Trawsfynydd a Meirionnydd, fel nifer o ardaloedd eraill, yn fwrlwm o ddigwyddiadau diwylliannol, ac roedd y cyfarfodydd cystadleuol niferus yn cynnig cyfle gwych i feirdd ifanc gychwyn ar eu crefft ac yna ei mireinio. Mae'r cyfraniadau sydd i'w gweld mewn papurau fel *Y Rhedegydd* ac ati yn dyst fod y gymdeithas yn rhoi bri mawr ar lenyddiaeth gymdeithasol o bob math. Cafodd Ellis, felly, ei feithrin a'i drwytho yn y traddodiad hwn. Ac er iddo adael yr ysgol yn ifanc, roedd yn amlwg yn gynnar iawn ei fod yn ŵr ifanc galluog a llengar. Flwyddyn wedi marw Ellis, yn 1918, ymddangosodd

Hedd Wyn a Mary ei chwaer ar achlysur priodas ewythr iddynt, 30 Ionawr 1912

ysgrif goffa William Morris yn y cylchgrawn *Cymru*, ac meddai: 'Ychydig iawn o addysg a gafodd Hedd Wyn, ychydig iawn o'r hyn a elwir yn gyffredin yn "fanteision bore oes". Elai yn fylchog i Ysgol Elfennol y Traws nes myned ohono yn ddigon hen i aros adref.'

Ond wnaeth hyn fennu dim ar frwdfrydedd Ellis tuag at feithrin ei grefft. Er ei fod yn dlawd o ran addysg ffurfiol, nid felly yr oedd pethau o ran meithrin talent a dawn gynhenid y bardd ifanc. Dywedir i'w rieni brynu'r gyfrol *Yr Ysgol Farddol*, gan Dafyd Morganwg, i'w mab, ac iddo yntau fynd ati i'w darllen a'i drwytho ei hun yn rheolau'r gynghanedd. Roedd yn ffodus iddo dderbyn cefnogaeth frwd ei dad a'i fam ar yr aelwyd, a thu hwnt i hynny, roedd y gymdeithas gapelgar ddiwylliedig hefyd yn fagwrfa ddiogel i feirdd ifanc fel Ellis feithrin eu dawn. Mae sôn amdano'n benthyg llyfrau o lyfrgell Blaenau Ffestiniog, ond benthyca gan gyfeillion a chydnabod a wnâi'n bennaf. Roedd yn ddarllenwr brwd, ac yn gyfarwydd â beirdd yr awen newydd; astudiodd awdlau megis 'Yr Haf', R. Williams Parry, 'Ymadawiad Arthur', T. Gwynn Jones, a gwaith beirdd eraill y cyfnod fel T. H. Parry-Williams a J. J. Williams. Byddai'n benthyca llyfrau Saesneg yn ogystal, a daeth i werthfawrogi barddoniaeth beirdd enwog y bedwaredd ganrif ar bymtheg, megis Shelley a Keats, Wordsworth a Tennyson.

Gwyddom iddo ddarllen yn helaeth farddoniaeth gan feirdd y cyfnod yn Gymraeg a Saesneg, er mai Saesneg digon carbwl oedd gan Ellis yn ôl tystiolaeth ei chwaer, Enid Morris. Ond yr oedd yn ei elfen yn trafod barddoniaeth gyda chyfoedion dysgedig, yn weinidogion, athrawon, a golygyddion papurau newydd lleol, yn ogystal â phobl gyffredin fel fo ei hun, nad oeddynt wedi derbyn addysg bellach. Roedd Ellis wedi ei wreiddio yn ddwfn yn ei gyfnod – y cyfnod hwnnw pan oedd bri ar ddiwylliant gan bobl amrywiol eu galwedigaeth, a phan oedd bardd a enillai gadair eisteddfod yn cael ei gyfrif yn gryn arwr yn ei fro. Ond nid dim ond cadeiriau eisteddfodol lleol oedd yn hawlio sylw Ellis. Roedd Ellis Humphrey Evans a'i lygaid wedi eu hoelio ar gadair yr Eisteddfod Genedlaethol.

Roedd ei ddatblygiad fel bardd a llenor yn amlwg yn achos balchder mawr i'w rieni, ac er gwaethaf y galw am ei help ar y fferm, roedd Ellis yn cael ei annog i ysgrifennu, ac yn cael rhwydd hynt i wneud hynny. Un agwedd anghyffredin, efallai, o fagwrfa Ellis oedd parodrwydd ei rieni i roi cyfle iddo ysgrifennu ar draul gwneud gorchwylion o amgylch y fferm. Ond mae'n brawf o'r balchder oedd ganddynt tuag at eu mab, a'u ffydd ynddo fel bardd. Er bod bri a pharch yn cael ei roi i lenydda o fewn y gymdeithas wledig hon, nid yn aml y byddai bechgyn ifanc yn cael eu hesgusodi o'u dyletswyddau er mwyn iddynt gael aros wrth fwrdd y parlwr i lenydda.

Mewn dim o dro, dechreuodd yr Ellis ifanc ddod i'r brig mewn cystadlaethau barddoniaeth, gan ennill ei gadair gyntaf yn y Bala yn 1907 am gerdd ar y testun 'Dyffryn'. Ond dywed William Morris (*Cymru*, 1918) nad oes gair o'r bryddest hon ar gael bellach gan i Ellis ei hun ei llosgi. Yr oedd yn amlwg a'i fryd ar wella ei grefft, ac yn dod yn fwy o feirniad ar ei waith ei hun. Yn ôl ei gyfeillion, byddai'n ddigon di-feind o'i greadigaethau yn aml, gan ddefnyddio'r papur y byddai'n ysgrifennu ei gerddi arno i danio ei getyn ar dro! Meddai William Morris amdano: 'Nid oedd ganddo feddwl ohono'i hun o gwbl, nac o'i farddoniaeth ychwaith.'

Mae'r arfer oedd ganddo o wthio darnau o bapurau gyda'i gerddi arnynt hwnt ac yma i dyllau mewn cloddiau fel pe bai'n arwydd o'r ffaith nad oedd yn teimlo eu bod eto'n gymwys i dderbyn y sylw roedd barddoniaeth o bwys yn ei gael. Ond yn fuan iawn, daeth ei farddoniaeth i sylw cynulleidfa ehangach na phobl ei fro ef ei hun yn Nhrawsfynydd a Ffestiniog, gan iddo fynd yn ei flaen i ennill cadeiriau ym Mhwllheli, Pontardawe a dwy arall yn eisteddfod Llanuwchllyn.

Ni allwn ond dychmygu sut brofiad fyddai barddoni ynghanol y bwrlwm ar yr aelwyd yn yr Ysgwrn, ac yn sicr byddai cael llonydd a thawelwch i ymroi i lenydda yn gryn gamp ynddo'i hun. Nid yw'r Ysgwrn yn dŷ sylweddol; wedi dod i mewn trwy'r drws (yr unig ddrws i'r tŷ), mae'r parlwr ar y dde, y grisiau

yn syth ymlaen a'r gegin ar y chwith. Am flynyddoedd lawer, bu'r parlwr bach yn gartref i'r cadeiriau a enillwyd gan Ellis, a chadwyd y gegin fechan, glyd yn union fel yr oedd yn y cyfnod. Allan ar y ffriddoedd a'r llechweddau yr oedd man gwaith Ellis ac yno yr âi i feddwl, i gasglu syniadau ac i sylwi ar droeon y rhod a nodweddion natur, yn ogystal â myfyrio ar athroniaeth a ffyrdd dirgel Duw.

Ond eto, dod yn ei ôl i'r tŷ, ac i gegin yr Ysgwrn, fyddai'r bardd ifanc er mwyn cofnodi'r pethau y sylwodd arnynt a'u gweithio'n gerddi. Dywedir amdano y byddai'n aml yn ysgrifennu'n hwyr iawn i'r nos, ac ambell dro hyd nes i'r wawr dorri, tra byddai ei deulu yn eu gwlâu. Yna, yn y bore, byddai ei chwaer, Magi, yn casglu ei bapurau ynghyd, a'u cadw'n ddiogel, tra byddai ef, mae'n debyg, yn mynd am ychydig o gwsg cyn ymroi i waith y dydd.

Cyn 1910, fel Ellis Humphrey Evans yr oedd pobl yn ei adnabod, ond ym mis Awst y flwyddyn honno, cwblhawyd y trawsnewidiad a daeth bardd dawnus yr Ysgwrn i sylw'r wlad fel Hedd Wyn. Bryfdir, mae'n debyg, sef Humphrey Jones, a roes i Hedd Wyn ei enw barddol mewn gorsedd a gynhaliwyd ar lan Llyn y Morwynion yng Nghwm Cynfal, Meirionnydd ar 20 Awst.

PENNOD 2:
BYDD POPETH AR BEN
ERBYN Y DOLIG

Roedd gwersyll milwrol wedi ei sefydlu ym Mryn Golau, Trawsfynydd, ar ddechrau'r ugeinfed ganrif, cyn symud wedyn i Fronaber, ger Trawsfynydd, yn 1906, felly nid oedd militariaeth yn ddieithr i bobl yr ardal. Yn wir, roedd Bryn Golau mor agos at y fferm fel y byddai'r milwyr o'r 'camp' yn pasio heibio buarth yr Ysgwrn er mwyn cyrraedd y meysydd tanio, felly roedd yr holl beiriant paratoi am ryfel yn gyfarwydd iawn i deulu'r Ysgwrn. Gyda symud y gwersyll i Fronaber, bu'n rhaid i nifer o deuluoedd oedd berchen y tiroedd a ddefnyddid fel 'ranges', neu feysydd tanio, symud o'u ffermydd.

Gwersyll Milwrol Trawsfynydd

Erbyn dechrau'r Rhyfel Byd Cyntaf, roedd prysurdeb mawr yno gyda chynnydd yn y nifer o filwyr a cheffylau a pheiriannau oedd yn cyrraedd yr orsaf cyn symud ymlaen heibio cartref Hedd Wyn, i gyrraedd y gwersyll milwrol. Byddai llawer o fynd a dod felly, ac roedd gweld personél milwrol yn olygfa gyffredin yn yr ardal. Roedd cefn gwlad Cymru yn paratoi at ryfel.

Yna, ddiwedd mis Gorffennaf 1914, dafliad carreg o'r Ysgwrn, daeth y rhyfel yn nes fyth. Gwnaed difrod i gapel bach Pen-stryd, lle claddwyd brawd a chwaer fach Hedd Wyn, gan un o'r gynnau mawr gâi eu defnyddio mewn ymarferiadau yn y gwersyll ym Mronaber. Yr oedd Hedd Wyn yn ffieiddio at y weithred hon.

Yn fuan wedyn, yn Awst 1914, goresgynnodd yr Almaen Wlad Belg. Ar 4 Awst cyhoeddodd Asquith, y Prif Weinidog ar y pryd, fod Prydain yn mynd i ryfel yn erbyn yr Almaen. Roedd y rhyfel yn ffaith. Doedd neb yn siŵr beth oedd o'u blaenau, ond roedd y rhan fwyaf o'r farn mai rhyfel byrhoedlog fyddai hwn, ac y byddai'r rhai mewn awdurdod wedi rhoi trefn ar bethau erbyn y Nadolig.

Heidiodd miloedd o wŷr ifanc i ymuno â'r don gyntaf frwdfrydig o filwyr yn ystod yr wythnosau cynnar hynny, ond rhaid cofio mai byddin gymharol fechan oedd gan Brydain, o'i chymharu â byddinoedd yr Almaen, Ffrainc a Rwsia, lle roedd gorfodaeth filwrol eisoes mewn grym. Roedd datblygiadau technolegol mawr ar droed ar ddechrau'r ugeinfed ganrif, gydag arfau rhyfel newydd a llawer mwy pwerus na'r hyn welwyd erioed o'r blaen yn cael eu cynhyrchu ar raddfa eang yn y ffatrïoedd: gynnau peiriant nerthol, magnelau, sieliau yn llawn ffrwydron a nwy gwenwynig, heb anghofio'r tanciau wrth gwrs. Wrth i'r Cynghreiriaid a'r Pwerau Canolog ymgiprys dros y misoedd nesaf, daeth yn amlwg i bawb nad oedd y rhyfel hwn, gyda'i dactegau newydd a'i golledion erchyll, yn debyg i unrhyw anghydfod a welwyd o'r blaen.

Erbyn diwedd Awst 1914 yr oedd y fyddin Almaenig ddyddiau'n unig o Baris, a gadawodd miliwn o bobl eu cartrefi yn y brifddinas; symudodd llywodraeth Ffrainc i Bordeaux, ac yr oedd Canghellor yr Almaen mor hyderus fel y bu iddo lunio memorandwm heddwch, yn mynnu tiroedd ac arian yn iawndal oddi wrth Ffrainc. Ond gwrthymosododd milwyr Ffrainc ger afon Marne, gan wthio milwyr yr Almaen yn eu holau. Yn wir, bu'r pedair blynedd nesaf yn gyfres o ymosodiadau a gwrthymosodiadau mewn ymgais i ennill tir.

Ym mis Hydref 1914, ymunodd Twrci â'r Pwerau Canolog a chyda hynny ymledodd y rhyfel draw i ddwyrain Môr y Canoldir, datblygiad a'i gwnaeth yn berffaith amlwg i bawb na fyddai datrysiad cyflym i'r anghydfod. Erbyn diwedd 1914, roedd y ddwy ochr yn wynebu ei gilydd ar hyd 765km o ffosydd, a ymestynnai o'r Sianel draw cyn belled â'r Alpau – ffosydd a ddaeth yn amlwg ym mywydau a sgyrsiau pob aelwyd yng Nghymru dros y pedair blynedd nesaf. Yn ystod y cyfnod cynnar hwn, ym mis Hydref 1914, y bu brwydr gyntaf y dref fechan a ddaeth yn gyfarwydd i ni fel y man y collwyd Hedd Wyn – sef Ypres neu Ieper, yng Ngwlad Belg.

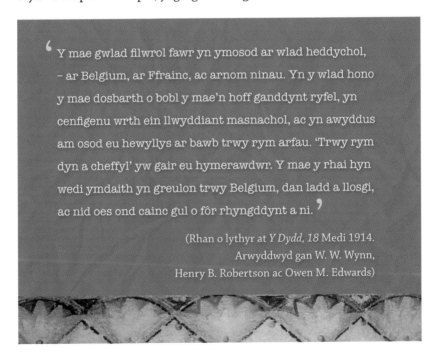

‘ Y mae gwlad filwrol fawr yn ymosod ar wlad heddychol, – ar Belgium, ar Ffrainc, ac arnom ninau. Yn y wlad hono y mae dosbarth o bobl y mae'n hoff ganddynt ryfel, yn cenfigenu wrth ein llwyddiant masnachol, ac yn awyddus am osod eu hewyllys ar bawb trwy rym arfau. 'Trwy rym dyn a cheffyl' yw gair eu hymerawdwr. Y mae y rhai hyn wedi ymdaith yn greulon trwy Belgium, dan ladd a llosgi, ac nid oes ond cainc gul o fôr rhyngddynt a ni. ’

(Rhan o lythyr at *Y Dydd*, 18 Medi 1914.
Arwyddwyd gan W. W. Wynn,
Henry B. Robertson ac Owen M. Edwards)

Gwnaed llawer o'r ffaith mai gwlad fechan oedd Gwlad Belg wedi ei goresgyn gan bŵer mawr fel yr Almaen er mwyn ceisio ennyn cefnogaeth i'r rhyfel ymhlith y Cymry. Lledaenwyd storïau am weithredoedd erchyll yn cael eu cyflawni gan filwyr yr Almaen yn erbyn pobl gwlad fechan ddiamddiffyn. Roedd y wasg yn brysur yn gorliwio storïau er mwyn ennyn teyrngarwch pobl gyffredin tuag at yr achos. Deuai hanesion megis stori Angylion Mons i aelwydydd Cymru er mwyn sicrhau pawb oedd ag unrhyw amheuaeth fod Duw ar ochr y Cynghreiriaid.

> Ar ddiwedd Awst 1914, roedd brwydr fawr ger Mons yng Ngwlad Belg. Wedi sylweddoli nad oedd gobaith trechu byddin oedd yn llawer mwy na'u rhengoedd hwy, penderfynodd y rhengoedd Prydeinig gilio. Ond, a hwythau dan fygythiad difrifol, yn ôl rhai o'r milwyr, ymddangosodd siapiau rhithiol rhyngddynt a'r gelyn i'w hamddiffyn. Adroddwyd y stori gan sawl papur a chylchgrawn ar y pryd, a daeth yn rhan o chwedloniaeth brwydr Mons. Daeth nifer fawr i gredu mewn storïau dychmygol o'r fath, gan eu cymryd yn arwydd pellach fod gwledydd Prydain yn rhyfela mewn rhyfel cyfiawn.

Tra oedd niferoedd y rhai oedd yn gwirfoddoli i ymuno â'r fyddin yn yr ardaloedd diwydiannol yn dderbyniol i'r awdurdodau, nid oedd Cymry Cymraeg, capelgar, yr ardaloedd gwledig mor barod i ymrestru. Roedd dynion sir Feirionnydd yn anad yr un sir arall trwy Brydain yn anfoddog iawn i ymuno yn y brwdfrydedd tuag at ryfela. Roedd yn rhaid apelio felly at y Cymry hyn mewn rhyw fodd. Heb ymdroi, aeth pobl ddylanwadol y dydd ati i chwilio am ddynion fyddai'n gallu perswadio'r dynion ifanc hyn i ymfalchïo yn y cyfle i wneud eu rhan dros Brydain Fawr a gwledydd bychain diamddiffyn fel Gwlad Belg. Nid oedd yn rhaid chwilio ymhell. I'r llwyfan daeth David Lloyd George, ac ym Medi 1914 rhoddodd araith danbaid dros yr achos i greu Corfflu Cymreig. Fe wyddai ef wrth gwrs sut i apelio at ei gynulleidfa anghydffurfiol, Gymreig. Gwyddai hefyd fod yn rhaid apelio at sentiment

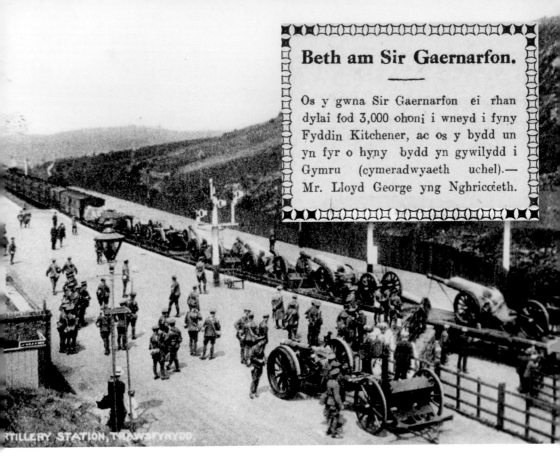

Beth am Sir Gaernarfon.

Os y gwna Sir Gaernarfon ei rhan dylai fod 3,000 ohoni i wneyd i fyny Fyddin Kitchener, ac os y bydd un yn fyr o hyny bydd yn gywilydd i Gymru (cymeradwyaeth uchel).— Mr. Lloyd George yng Nghriccieth.

RTILLERY STATION, TRAWSFYNYDD.

gwahanol i'r hyn oedd yn tanio dychymyg pobl fel Kitchener. Bu llawer o sôn am ddawn areithio David Lloyd George, ac fe gafodd y ddawn honno yn sicr ei defnyddio'n llawn i hyrwyddo achos y rhyfel. Fel hyn y disgrifia Robert Graves y profiad o wrando ar Lloyd George mewn cyfarfod o Gymdeithas y Cymmrodorion yng ngwanwyn 1916:

> The power of his rhetoric amazed me. The substance of the speech might be commonplace, idle, and false, but I had to fight hard against abandoning myself with the rest of his audience. He sucked power from his listeners and spurted it back at them.
>
> (*Goodbye to All That*, t. 168)

Erbyn diwedd 1914 yr oedd dros 10,000 o ddynion wedi ymuno â'r Corfflu Cymreig – diolch i ddylanwad y dewin o Lanystumdwy. Un arall fu'n bur ddylanwadol yn y cyfod yma oedd y Cadfridog Owen Thomas, a benodwyd gan y Swyddfa Ryfel i fod yn gyfrifol am y Corfflu Cymreig. Roedd y brodor o Fôn yn uchel ei barch, ac wedi hen ennill ei blwyf fel milwr dewr a wnaeth ei ran yn Rhyfel y Boer yn Ne Affrica. Aeth ati yn ddiymdroi i hel bechgyn ifanc y gogledd i'r rhengoedd, ac wrth eu siarsio i ymuno arferai bwysleisio y byddai ef yno gyda hwy, fel ffigwr tadol yn gwylio drostynt. Ac yntau yn ei bumdegau canol ar y pryd, ni chafodd ymuno â'r ymladd wrth gwrs, ond bu ei eiriau yn ddigon i ddwyn perswâd ar gannoedd o ddynion ifanc.

Lloyd George yn y canol gyda'r ddau recriwtiwr brwd y naill ochr iddo – Syr Henry Jones (chwith) a'r Parch. John Williams Brynsiencyn (dde)

Buan y sylweddolodd gweinidogion llywodraeth y dydd mai dynion fel Owen Thomas a fyddai, yn y pen draw, yn gallu cynyddu niferoedd dynion ifanc y gogledd yn y fyddin. Yn y cyfnod hwn, wrth gwrs, roedd crefydd yn ddylanwad mawr ar fywydau pobl yng Nghymru gyda'r capel yn chwarae rhan flaenllaw yn y gymdeithas. Byddai'r gweinidogion yn wŷr uchel iawn eu parch yn y gymdeithas, gyda phwys aruthrol yn cael ei roi ar eu barn a'u rhethreg. Un o'r gweinidogion mwyaf poblogaidd ar y pryd oedd gweinidog gyda'r Methodistiaid Calfinaidd, sef y Parch. John Williams, Brynsiencyn, Môn. Pwy well, felly, i ymroi i areithio ac annerch cyfarfodydd recriwtio? Derbyniodd wahoddiad i ymuno â'r Corfflu Cymreig fel caplan, a byddai'n gwisgo ei iwnifform milwrol i bregethu, gyda'r goler gron yn amlwg uwch coler y siaced. Mae wedi tyfu bellach i fod yn un o ffigyrau mwyaf dadleuol y cyfnod, oherwydd ei ddulliau digyfaddawd a grymus o annerch a dwyn perswâd.

'Nid ymladd dros eraill yr ydym bellach yn unig, eithr ymladd dros ein bodolaeth ni ein hunain fel cenedl a gwlad ... Yn wyneb hyn oll, fechgyn ieuainc, ymfyddinwch, ac na adewch i ryddid eich gwlad, diogelwch eich teuluoedd, a'ch breintiau crefyddol gael eu hysbeilio oddi arnoch; canys er ei holl ddiffygion, Prydain yw'r lanaf, anrhydeddusaf y mae haul Duw yn tywynnu arni, a byddwch o'r un ysbryd a'r hen wr o Fon acw a ddywedai'r dydd o'r blaen ei fod yn methu cyscu'r nos wrth feddwl am y bechgyn glewion yn y *trenches*.'

(John Williams, Brynsiencyn,
Y Brython, 26 Tachwedd 1914

Cynhelid y cyfarfodydd recriwtio hyn ar hyd a lled y wlad. Dyma fel yr adrodda Georgina Lee, Gelligemlyn, ger Dolgellau, am y cyfarfod a gynhaliwyd yn Nolgellau ar 10 Medi 1914 yn ei dyddiaduron i'w mab bach:

> Tonight Daddy and I went to a meeting held in Dolgelly for the purpose of inducing the eligible young men of Merionethshire to recruit. So far this has been the worst county in Great Britain for enlisting ... Sir Osmund Williams, Lord Lt of the county, was in the Chair. Sir Watkin Wynne was near him and then a number of Welshmen, Ministers of the Church, professors of Aberystwyth, School Inspectors etc. spoke most eloquently.

I'r Gad, Gymry Annwyl!

Y TRYDYDD O GYRDDAU LERPWL.

Y Parch. John Williams ar chwydd a chwymp Germani.

YN ysgoldy Capel Stanley Road, Bootle, —sef nos Fawrth yr wythnos hon—y cynhaliwyd y trydydd o'r cyfres cyfarfodydd a gynhelir ar Lannau'r Mersey'n wythnosau hyn i sbardunu'n bechgyn iach a thalgry' i daro ati dros eu gwlad drwy ymuno â'r Fyddin Gymreig sydd a'i phencadlys adran y Gogledd ohoni yn Llandudno, ynghanol cwmni cydnaws a glân eu buchedd a'u cylchynion.

Daeth cynhulliad cryf ynghyd, ac o'r dosbarth yr oedd eu heisiau,—yr oedd yno ugeiniau o lanciau yn eu hanterth o ran oed ac afiaeth corff a chyhyrau, ac wedi clywed yr areithiau, a'r rhesymau diwrthdro a osodwyd ger eu bron gyda'r fath hyawdledd a thân, sut byth y gallai'r un, atebol a rhydd i fynd, beidio â dywedyd "Af!"

Yr Henadur Dr. R. E. Roberts, Y.H., oedd yn y gadair; ac yn ystod ei anerchiad, yn sylwi ar werth digymar yr egwyddor wirfoddol fel cymhelliad i ymladd, yn gobeithio y byddai'r bechgyn, yma a thrwy Gymru a'r wlad i gyd, yn dod ymlaen mor barod ac ewyllysgar nes na fyddai byth eisiau mo'r gyfundrefn raid a gorfod yn yr Hen Ynys Wen fel sydd ar genhedlcedd y Cyfandir.

Canodd Mr. Sam. Evans *Hen Wlad fy Nhadau* i agor y cyfarfod, ac *Arm, arm ye brave* wedi hynny, a Miss L. Kyffin Williams yn cyfeilio.

Y llefarydd cyntaf oedd y Brigadier-General Owen Thomas, milwr profedig a hollol Gymreig ei dafod o ganol Môn, fu drwy Ryfel De Affrica, ac a ŵyr beth yw *trenches* a phob caledi ddaw i ran ymladdwr. Dywedai iddo ymladd ochr yn ochr â'i gydwladwyr, ac fod cystal deunydd a dewrder ym mechgyn yr Hen Wlad ag yn neb pwy bynnag o drigolion Prydain; ond eu bod braidd yn swil nac yn meddwl digon ohonynt eu hunain, ac felly ddim yn ymwthio digon i'r amlwg, yn y Fyddin, mwy na mannau eraill. Byddin fechan oedd byddin Prydain o'i chymharu â lluoedd aneirif y Caisar; ni waeth ar y ddaear prun, yr oedd anian a brîd y *bulldog* ynddynt, —hwy fedrant gymeryd eu gwynt heb ollwng eu gafael, ac ni fyddai waeth i'r Ellmyn guro'u pennau yn erbyn gwal anferth na meddwl gwneud twll yn rhenc y Prydeiniaid. Yr oedd ef, fel penswyddog adran y Gogledd o Fyddin Cymru, eisoes wedi cael 2,400 o ymrestrwyr; gofynnai am 2,000 arall; a sierhai pwy bynnag a ymunai y caent bob chwarae teg a chysur a chwmni yn eu pencadlys yn Llandudno.

Wedi i Mr. J. H. Jones adrodd *Glyn Dwr yn* annerch ei filwyr, caed anerchiad gloyw ei iaith, clir ei gyflead, ac ysgubol ei hyawdledd eirias, gan y Parch. John Williams, Brynsiencyn, y buasai'n dda gennyf roddi air am air pe lle, ond rhaid boddloni ar ergyd ne ddwy:—

Wedi dangos rhesymoldeb y rhyfel hwn rhagor rhyfeloedd yn gyffredin, ac mai diffyg iawn-ystyriaeth a iawn-gymhwysiad o addysg ac egwyddorion Crist a'r Bregeth ar y Mynydd oedd wrth wraidd hynny o wrthwynebiad a deimlid gan rai Cymry culfarn i'w phleidio, adroddodd stori a ddywedodd Dr. John Hughes wrtho am Henry Rees, pan welodd ei berchen yn camdrin mul ar un o heolydd Lerpwl, yn mynd ati ac yn rhoi ysgeg chwyrn iddo. Beth oedd hynny? Nid dial-

Fe wyddom mai O. M. Edwards oedd un o'r siaradwyr, un a fyddai'n fawr ei ddylanwad ymysg y Cymry, ac mae'n bur debygol mai ato ef y mae'r awdures yn cyfeirio gyda'i 'School Inspectors'. Aiff yn ei blaen i ganmol y siaradwyr: 'They are natural orators, Welshmen; they speak in very soft low voices, with telling gestures and never hesitating for a word … We will await the result on recruiting tomorrow in Dolgelly!' Ond yn ei dyddiadur ar gyfer y diwrnod canlynol cofnododd: 'We found on going to Dolgelly that not one single recruit had enlisted, after all the eloquence expended in the town last night!' (*Home Fires Burning: The Great War Diaries of Georgina Lee*)

Un arall fu'n llafar iawn dros achos y rhyfel ac a ddylanwadodd gryn dipyn ar Gymry diwylliedig, llengar o bob oed oedd yr ysgolhaig John Morris-Jones, Athro'r Gymraeg yng Ngholeg Prifysgol Bangor. Gwyddom fod dros 500 o'r coleg wedi ymuno â'r lluoedd arfog cyn diwedd y rhyfel. Bu John Morris-Jones yn gyfrifol am gyfieithu dogfennau recriwtio i'r Gymraeg ac ef hefyd fu'n gyfrifol am gyfieithu araith enwog Lloyd George, 'Eich Gwlad a'ch Cais'. Beth tybed fuasai ymateb Hedd Wyn i ysgrifau recriwtio'r ysgolhaig, megis *Apêl at y Cymry: Mynnwn Germani ar ei Gliniau*?

'Ni bydd heddwch yn Ewrop na'r byd oni chaffer Germani ar ei gliniau, a'i noethi arf o'i dwrn. Gymry ieuainc, i'r gad! Y mae Ymerodraeth Prydain Fawr heddiw yn allu o blaid popeth sy'n fwyaf annwyl inni – o blaid rhyddid a chyfiawnder, ac yn enwedig o blaid iawnderau cenhedloedd bychain. Y mae i ni le anrhydeddus yn yr Ymerodraeth; fe wnaeth Cymry eu rhan i'w seilio a'i saernïo, a diau y gwna'r Cymry eu rhan i'w hamddiffyn rhag ei gelynion, a thrwy hynny amddiffyn popeth sydd yn fwyaf cysegredig i ni fel cenedl. 'Duw gadw'r BRENIN.'

Apêl at y Cymry: Mynnwn Germani ar ei Gliniau, John Morris-Jones (1914)

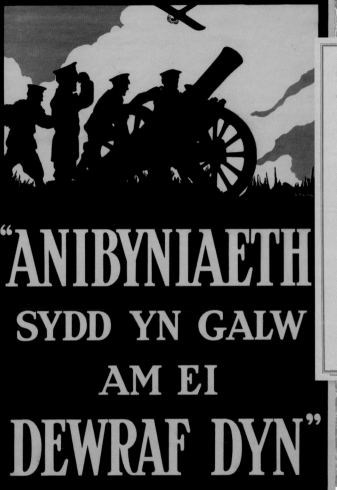

"ANIBYNIAETH SYDD YN GALW AM EI DEWRAF DYN"

4 GOFYNIAD
i ddynion sydd heb ymrestru.

1. **O**S ydych yn gymmwys o ran corff a chydrhwng 19 eg a 38 ain oed, a ydych chwi yn foddlon mewn gwirionedd ar yr hyn ydych yn ei wneyd heddyw?

2. Ai dedwydd ydych wrth rodio'r heolydd gan weled dynion eraill y'ngwisg milwyr y Brenin?

3. Pa beth a ddywedwch yn yr amser a ddêl pan ofynir— "Y'mha le yr oeddych chwi yn gwasanaethu yn y Rhyfel mawr?"

4. Beth fydd eich ateb wedi tyfu o'ch plant a gofyn, "Nhad, pam nad oeddych chwithau yn filwr, hefyd?"

YMRESTRWCH HEDDYW

Mae un peth yn sicr, roedd y pwysau ar i ddynion ifanc ymuno â'r fyddin yn dod o sawl cyfeiriad, ond y papurau newydd oedd y cyfrwng mwyaf dylanwadol yn hyn o beth. Byddai papur newydd yn cyrraedd calon pob cartref, ac ar aelwyd yr Ysgwrn, fel sawl aelwyd arall yng nghefn gwlad Meirionnydd, byddai'r alwad i ryfel y cael ei mynegi'n groyw. Yn ogystal â'r llythyrau a'r areithiau cenedlatholgar fyddai'n ymddangos yn wythnosol, ceid hefyd nifer o gerddi gwladgarol eu naws, fel hon o eiddo Beriah Gwynfe Evans:

I'r Gad

Beth golli di, fachgen, beth golli *di*
Pan fo'r merched yn chwifio llaw,
Gan weiddi 'Hwre!' i'r bechgyn o'r lle
Drechasant y gelyn draw?
A geisi di weiddi 'Hwre!' gyda hwy?
Na?! Ti wridi dan g'wilydd dy hun
Pan weli y ferch roes gynt i ti serch
Yn d'adael am rywun sy'n *ddyn*!

Beth dd'wedi di, fachgen, beth dd'wedi di
Pan ddaw'th blant o un i un,
Ai holi yn rhydd beth wnest Ti yn dy ddydd
Yn y Rhyfel dros Ryddid Dyn?
Ai ateb a wnei: Pa eisiau oedd mynd?
Beth oedd Ffrainc a'i phobl i mi?
Bydd pob llygad yn syn pan glywo'th blant hyn,
Pan welant mai *llwfryn* oet ti!

Sut y teimli di, fachgen, sut teimli di
Pan yn hen, a'r nos yn hir,
A'th gymdogion yn dod i seinio clod
Y dewrion safasant fel dur?
Ai cilio a wnei rhag dyrnod eu gwawd,
Gan guddio dy warth o'r naill du?
Neu dd'wedyd: 'Fy ffrind, er nad y cyntaf i fynd,
Rwy'n diolch i Dduw, *mi es i!*'

'Clyw! r alwad a ddaeth, fachgen! Yr alwad a ddaeth
Am ddewrion goreu'r tir,
I *gadw'r* Hen Wlad, i *godi'r* Hen Wlad
Ac i ymladd dros y Gwir!
Ai'r dafarn a'r betio, y lluniau a'r cicio
Sy'n llenwi dy fryd? Wel clyw!
Daeth yr alwad yn awr: 'Rhaid rhoi Gormes i lawr!'
Clyw alwad dy *Wlad* a'th *Dduw!*

(Yr Herald Cymraeg, 8 Medi 1914)

Cyfieithiad yw'r gerdd o 'Fall In' gan Harold Begbie yw hwn, a nodwyd gyda balchder yn *Yr Herald Cymraeg* fod y cyfieithiad wedi ei dderbyn a'i gymeradwyo gan y Brenin a Thywysog Cymru, a bod y gerdd ar gael i'w chanu mewn cyfarfodydd cyhoeddus at ddiben recriwtio. Ond yr hyn sy'n ddiddorol yw mai cefndir rhyddfrydol, crefyddol a llengar oedd i'r cyfieithydd – Beriah Evans. Bu'n olygydd ar *Y Genedl Gymreig*, yr oedd yn ysgolhaig, yn awdur, ac yn enillydd Cenedlaethol. Roedd hefyd yn adnabyddus fel un o aelodau amlwg mudiad Cymru Fydd, ac yn ddiweddarach daeth yn olygydd ar bapur newydd *Y Tyst* (papur wythnosol yr Annibynwyr). Byddai yn ŵr uchel ei barch, fel O. M. Edwards a David Lloyd George, ar aelwydydd Cymraeg, rhyddfrydol ac ymneilltuol Cymru.

Yr oedd gan ambell un arall ddull gwahanol iawn o godi cywilydd ar rai nad oeddynt eto wedi ymuno â'r fyddin. Mae arddull dafod yn y foch i'r darn isod o *Yr Wythnos a'r Eryr*, 9 Medi 1914, sy'n sôn am y fyddin wrth gefn yn ymddangosiadol ddiniwed, ond mae'r ergyd i'w theimlo serch hynny:

Codi Milwyr yn y Bala

Rwy'n deall fod mudiad ar droed i greu catrawd yn y Bala i ofalu am y cartref, o blith y rhai sydd oherwydd oedran neu resymau eraill yn analluog i ymrestru gyda byddin Kitchener. 'Mudiad ar droed' ddywedais, dwn i ddim a fydd iddo sefyll, oblegid hyd y deallaf fi, nid oes ond tri wedi ymuno. Ai gwir y gair fod y rhai hyn i gael eu hebrwng i'r Green i gael Drill gan holl fawredd Band y Bala? Onid oes yn y Bala un ychwaneg yn gyfiawn, neu pa fodd y bydd y tri hyn yn gwneud pan orchymynir iddynt *form fours*, neu *form a square*. Mae'n ymddangos nad yw y rhyfel ym Mhenllyn, ond os ydyw claerineb y gymdogaeth yn gyffredinol trwy y wlad, yna yn wir daw rhyfel i Benllyn.

Yn ystod y cyfnod cynnar hwn yn hanes y rhyfel, bu i nifer o fechgyn ifanc ardal Trawsfynydd a Blaenau Ffestiniog ymuno â'r fyddin, a does dim dwywaith y byddai Hedd Wyn wedi adnabod sawl un ohonynt. Yn rhifyn

26 Medi 1914 o'r *Rhedegydd*, mae cofnod i ddau o fechgyn Dr R. D. Evans, Llys Meddyg, Blaenau Ffestiniog ymrestru – sef Deio a Willie Evans, y ddau wedi ymfudo i Ganada. Dyma a ddywedir amadanynt: 'rhai dewr a gwrol ac yn llawn o dân gwladgarwch er yn nghanol gwlad ddieithr. Bydded eu tynged yn un ffodus a llwyddiannus.'

Fel yn achos cynifer o filwyr eraill, ni wireddwyd dymuniad y colofnydd. Daeth y newydd am farwolaeth Deio, Lieut. D. O. Evans, yn gynnar yn 1916 a gweithiodd Hedd Wyn yr englyn 'Nid â'n Ango' i'w goffáu. Ysgrifennodd amryw o gerddi yn hiraethu am gwmni ei gyfeillion o ardal Trawsfynydd; enghraifft felly yw'r gerdd 'Plant Trawsfynydd, 1914':

> Holi yn wan amdanoch – fore a hwyr
> Mae y fro adawsoch;
> Yntau y cryf gorwynt croch
> Eto sy'n cofio atoch.

> Er oedi'n wasgaredig – hyd erwau
> Y tiroedd pellennig,
> Duw o'i ras a lanwo'ch trig
> Â dialar Nadolig.

Mae'r agosatrwydd i'w deimlo yn yr englynion. Nid oes ymdeimlad o wrthwynebiad i'r rhyfel yma, ond yn sicr mae yma ymdeimlad o ddieithrwch a hiraeth am na fyddai ei gyfeillion a 'phlant' Trawsfynydd yn ôl yn eu cynefin. Wrth ganu fel hyn daw ei ymlyniad at ei fro yn amlwg iawn. Felly hefyd yn ei gerdd 'Plant Trawsfynydd 1915', lle daw'r geiriau 'dail gwasgaredig' â theimlad fod rhywbeth aruthrol wedi digwydd i chwalu'r gymdeithas honno oedd mor annwyl ganddo:

> Holi amdanoch â llais clwyfedig
> Mae'r ardal i gyd;
> Chwithau ymhell fel dail gwasgaredig
> Ar chwâl tros y byd.

PENNOD 3:
I'R GAD?

Fel yr âi'r misoedd heibio ac wrth i'r colledion gynyddu, daeth yn amlwg nad oedd yr ymgyrchoedd recriwtio, er mor uniongyrchol a thaer oeddynt, yn llwyddo i ddenu digon o ddynion i faes y gad. Roedd adroddiadau am amgylchiadau'r brwydro a'r erchyllterau roedd y dynion yn eu dioddef yn cyrraedd pob cwr o Gymru. Roedd y colledion yn enfawr, ond yr ennill tir yn ddifrifol o brin, ychydig lathenni yn y rhan fwyaf o achosion. Yng ngwanwyn 1915, ceisiodd yr Almaenwyr wthio ymlaen eto yn ardal Ieper, a defnyddiwyd nwy clorin, arf hynod o greulon fyddai'n llifo i mewn i'r ffosydd gan effeithio ar ysgyfaint y milwyr ac achosi marwolaeth oedd yn aml yn araf a hynod boenus. Deuai'r adroddiadau am y brwydro ofnadwy i sylw'r bobl gartref trwy'r papurau newydd. Tra oedd y peiriant propaganda Prydeinig yn dal i frolio am enillion, doedd dim modd anwybyddu'n llwyr y straeon hynny am frwydro aflwyddiannus mewn mannau pell fel Gallipoli a'r Dardanelles, lle roedd y gwres llethol yn achosi syched a salwch difrifol megis dysentri. Deuai adroddiadau a llythyrau hefyd oddi wrth y milwyr hynny oedd ar y ffrynt, yn cwyno am yr amgylchiadau byw difrifol yn y ffosydd, heb sôn am amgylchiadau'r brwydro.

Yn aml, byddai'r ffosydd yn llawn dŵr budr a ddenai lygod mawr, yn ogystal â phob math o bryfetach. Yn y gaeaf, byddai'r milwyr allan yn y ffosydd heb fawr i'w cysgodi rhag yr elfennau; byddai eu dillad yn wlyb am ddyddiau a phan ddeuai'r rhew, byddai eu traed yn dioddef oddi wrth effaith yr oerfel a'r gwlybaniaeth. Amrywiai patrwm y brwydro ond fel arfer, byddai'r milwyr yn aros yn y rhengoedd blaen a'r ffosydd am oddeutu wythnos i ddeng niwrnod, cyn cael symud yn ôl i fannau ymhellach o'r brwydro er mwyn cael gorffwys, ymolchi a newid, a thrwsio eu dillad a'u hoffer. Byddai eu hamser yn y ffosydd yn pendilio rhwng cyfnodau o berygl difrifol, gyda'r bombardio diddiwedd a'r

brwydro uniongyrchol yn eu hamgylchynu nos a dydd, a chyfnodau segur o
ddiflastod a phryder yn aros i rywbeth ddigwydd. Yn y cyfnodau tawel hynny
dôi cyfle i ysgrifennu llythyrau, dyddiaduron a cherddi neu sgetsio, efallai.

Mae'r pytiau canlynol o lythyrau Arthur Edwards, bachgen ifanc un ar hugain
oed o Dyddyn'ronnen, Llanuwchllyn, yn rhoi blas inni o'i brofiadau. Meddai
mewn llythyr at ei rieni ar 2 Rhagfyr 1916:

> Da gennyf eich hysbysu fy mod i yn dal mewn iechyd rhagorol
> dim ond fy nhraed wedi rhewi braidd. Mae nhw braidd yn boenus
> weithiau. Wel, rydym newydd ddod allan o'r 'front-line' am ychydig
> ddiwrnodau eto. Wel, dal yn oer iawn mae hi, yn oerach os rywbeth
> nac y bu o gwbl. Nis gwn sut y mae yna ...

Unwaith eto, mae'n sôn fel yma mewn llythyr ar ddechrau Ionawr 1917:

> Wel, fe rwyf yn teimlo o ran fy hun yn rhagorol yr unig beth sydd
> yn fy mhoeni braidd yw fy nhraed. Maent yn bur boenus pan
> gynhesant. Dipyn bach o 'frostbite' ydi o, ond mae yn hen beth
> poenus iawn i gerdded. Ond wrth lwc nid yw yn ddrwg iawn eto.

Gallwn synhwyro oddi wrth ei eiriau ei fod mewn cryn boen, ond fel y gwelwn mewn cynifer o lythyron tebyg, mae fel petai'n ceisio cuddio'r gwir amgylchiadau rhag creu gormod o bryder i'w rieni.

O dderbyn llythyrau o'r fath, nid rhyfedd felly oedd i rieni wneud eu gorau i gadw eu meibion gartref. Mae llythyrau Arthur Edwards yn cyfeirio at ei frawd iau, Ifor, ac yn erfyn ar i'w rieni geisio eu gorau i'w gadw o'r fyddin – 'Wel, deallwn fod apel Ifor wedi ei thaflu i'r County. Wel hyderaf iddo bob lwc yno beth bynnag. Gwnewch eich gore glas iddo ddod drwodd ac fe rwyf fi yn hyderu y bydd i Dduw ei gadw o'r lle hwn beth bynnag.'

Erbyn canol 1915, roedd nifer y rhai oedd yn ymrestru i ymuno â'r fyddin wedi gostwng ac ymatebodd llywodraeth y dydd trwy basio deddf – The National Registration Act – er mwyn rhestru'r holl ddynion oedd ar gael ar gyfer ymuno â'r fyddin. Yna, yn gynnar yn 1916 daeth yn orfodol i bob dyn dibriod rhwng 18 a 41 oed ymuno â'r fyddin, gyda gorfodaeth ar i ddynion priod ymuno yn dilyn ym mis Mai y flwyddyn honno. Carchar, neu gyfnod yn gweithio mewn gwersyll, oedd y gosb a wynebai'r rhai oedd yn gwrthod cydymffurfio.

Roedd yna rai a gâi eu heithrio rhag yr orfodaeth filwrol, fodd bynnag; yn eu plith, dynion nad oeddynt yn ddigon iach i wasanaethu, gweinidogion yr efengyl, athrawon, gweithwyr mewn diwydiannau angenrheidiol ar gyfer gwasanaethu'r rhyfela, a gweithwyr amaethyddol. Roedd yna eraill oedd yn gallu manteisio ar eu hawl i apelio, a hynny ar sail y ffaith eu bod yn gwrthwynebu'r syniad o ladd cyd-ddyn – yn gwrthwynebu ar sail cydwybod. Yn aml, byddai'r garfan hon o wrthwynebwyr yn cael eu dewis ar gyfer swyddi sifil, neu swyddi nad oeddynt yn golygu bod mewn gwrthdaro o unrhyw fath, a byddai nifer ohonynt yn dewis ymuno â'r gwasanaethau meddygol ar faes y gad. Nid gwaith hawdd mo hwn ar unrhyw lefel, gan eu bod hwythau yn wynebu peryglon dyddiol ac yn dod wyneb yn wyneb ag achosion dychrynllyd o anafiadau, a dewisiadau anodd.

Prawf Ithel Davies

Yng Ngwersyll Parkhall, Croesoswallt ddydd Gwener, cyhuddwyd Ithel Davies (22) o anufuddhau i orchmynion milwrol.

Dywedodd Mr Pentir Williams a amddiffynai Davies, nad oedd y cyhuddiad yn cael ei wadu. Mewn mynegiad ysgrifenedig dywedodd Davies y dewisai yn hytrach farw fel merthyr na bradychu yr ysbryd oedd ynddo. Credai yn nysgeidiaeth Cristnogaeth am gariad a brawdgarwch, a gwell oedd ganddo weithio ar fferm ei dad – gwaith o bwysigrwydd cenedlaethol – na bod yn filwr ...

Dywedid i'r cyhuddedig wrthod cymeryd y llw o ffyddlondeb i'r Brenin, ac ar Mai 11 iddo gael ei anfon i garchar am 112 diwrnod. Ar ol hyn newidiwyd y ddedfryd i gadwraeth mewn gwersyll am 28 niwrnod.

(*Yr Herald Cymraeg*, 25 Gorffennaf 1916)

Yr oedd datgan eu bod yn wrthwynebwyr cydwybodol yn brofiad heriol a brawychus iawn, oedd yn gofyn am gryn gryfder cymeriad, fel yn achos Ithel Davies, gŵr ifanc o Fallwyd. Bu o flaen sawl cwrt marsial, a chafodd ei garcharu sawl gwaith a'i orfodi i wneud gwaith caled. Yn ogystal, bu sylw i'w achos ym mhapurau'r cyfnod gan iddo gael ei guro gan swyddog tra oedd yn y carchar milwrol yn yr Wyddgrug, a thorrwyd ei drwyn mewn un ffrwgwd.

Unig iawn oedd lleisiau'r ffigyrau cenedlaethol a fynegodd eu gwrthwynebiad i'r rhyfel serch hynny; yn eu plith roedd George M. Ll. Davies, Gwenallt, a'r bardd a'r ysgolhaig, yr Athro T. H. Parry-Williams. Nid oedd y sefydliad yn garedig wrth ddynion o'r fath, a theg yw nodi nad oedd y cyhoedd ychwaith, ar y cyfan, yn dangos fawr o gydymdeimlad tuag at eu safiad, gyda T. H. Parry-Williams yn gorfod wynebu deiseb gan y cyhoedd yn gwrthwynebu iddo gael ei ystyried ar gyfer swydd yn y Brifysgol yn Aberystwyth wedi'r rhyfel.

Yr oedd apelio yn erbyn ymuno â'r fyddin yn broses flinderus oedd yn dreth ar amynedd ac ysbryd nifer fu'n ymwneud â hi. Ym mhapurau newydd y cyfnod, mae cofnodion wythnosol yn adrodd am achosion y tribiwnlysoedd oedd yn cyfarfod i geisio penderfynu a fyddai'r apeliadau yn llwyddo. Mae stori bersonol y tu ôl i bob un o'r cofnodion hyn, a phenderfyniadau'r swyddogion a eisteddai i wrando'r apeliadau bron yn ddieithriad yn ymddangos yn greulon a didostur.

Yn 1988, recordiwyd sgwrs rhwng y Prifardd Elwyn Edwards a chwaer ieuengaf Hedd Wyn, Enid Morris, lle mae Enid yn sôn fod ei thad wedi cael ei alw i wynebu sawl tribiwnlys i gadw ei fab, Ellis, gartref i helpu ar fferm yr Ysgwrn. Nid oes gofnod i brofi bod Evan Evans yr Ysgwrn wedi bod mewn tribiwnlys o'r fath ond rhaid cofio bod cofnodion o'r tribiwnlysoedd hyn yn brin, ac eithrio'r hyn sydd wedi ei atgynhyrchu ym mhapurau newydd y dydd. Oherwydd sensitifrwydd llawer o gynnwys adroddiadau'r tribiwnlysoedd, cawsant eu dinistrio ar orchymyn y llywodraeth pan ddaeth y rhyfel i ben. Adroddiadau papur newydd yw'r unig brawf sydd ar gael felly, ac nid yw'n debygol fod pob tribiwnlys wedi ei nodi ym mhapurau'r cyfnod. Fe ellir felly dderbyn ei bod yn bosib iawn fod Evan Evans wedi gorfod wynebu panel apêl o'r fath, ar ran ei fab.

Cyn y byddai unrhyw siawns y byddai tribiwnlys yn dyfarnu o blaid cadw gweithiwr fferm o'r fyddin:

Dylai y ffermwr allu profi i'r Llys:

1. Fod yn rhaid iddo wrth wasanaeth y gwas cyn y gallai weithio'r fferm.

2. Na fedr dynes, na bachgenyn dan 18 oed, na hen wr, wneud y gwaith mae'r gwas yn ei gyflawni.

3. Y golygai colli'r gwas golled mawr i'r fferm a lleihad mawr yn ei chynnyrch.

(*Seren Cymru*, 25 Chwefror 1916)

Erbyn diwedd 1916 roedd tri o fechgyn gartref yn yr Ysgwrn – Ifan oedd yn bymtheg oed, Bob oedd yn ddeunaw oed yn Nhachwedd 1916, ac Ellis oedd bron yn ddeg ar hugain. Roedd Ellis o fewn oed ymrestru eisoes wrth gwrs, ond wedi i Bob gyrraedd yr oed hwnnw, roedd yn dod yn fwy amlwg fod yn rhaid i un o'r meibion ymrestru. O ddarllen adroddiadau tribiwnlysoedd y cyfnod, byddai'r ffaith fod tri o fechgyn yn ogystal ag Evan Evans gartref yn sicr yn ddigon o reswm dros orfodi naill ai Ellis neu Bob i ymuno â'r fyddin. Roedd Evan Evans dros ei drigian oed erbyn dechrau'r rhyfel, felly byddai angen help y meibion i wneud gwaith ar y fferm. Mae Enid Morris yn ei sgwrs hefyd yn pwysleisio'r pryder a'r pwysau oedd yn wynebu'r teulu yn y cyfnod hwn, gan y byddai eu mam, Mary Evans, yn siarsio Ellis yn gyson i aros gartref ac i beidio â mynd i lawr i'r pentref rhag i bobl ei weld ac iddo yntau gael ei gyhuddo o beidio â 'gwneud ei ran'. Mae'n bosib iawn y byddai nifer o bersonél milwrol o amgylch yr ardal hefyd yn sgil y gwersyll ym Mronaber, a byddai dod wyneb yn wyneb â rhai o'r rhain yn ddigon o her i ŵr ifanc oedd yn parhau i ffermio gartref yn hytrach na bod ynghanol y brwydro.

Mae papurau'r cyfnod yn llawn o golofnau'n clodfori'r ymdrech ryfel a'r dynion ifanc dewr oedd yn ymrestru. Anodd iawn felly yw dychmygu sut y byddai'r rheiny a oedd yn dal heb wirfoddoli yn teimlo o dan y pwysau cynyddol i ymuno â'r brwydro. Eithriad oedd unrhyw drafodaeth a ogwyddai tuag at ryddid barn a dewis unigolyn i ymddwyn yn ôl ei gydwybod ei hun. Un llais o'r fath oedd golygydd *Y Rhedegydd*, papur newydd ardal Ffestiniog:

> Mae lluaws o ferched ffôl, pan gyfarfyddent a dyn ieuainc (hollol
> ddieithr iddynt, cofier) yn ei gyfarch trwy ddywedyd 'Y llwfryn, pam
> nad ewch i amddiffyn eich gwlad?' neu yn estyn iddo bluen wen i'w
> gwisgo fel y gwypo pawb mai 'llwfryn' ydyw ... 'Rhydd i bob dyn ei
> farn ac i bob barn ei llafar.' Haedda y rhai a wnant wrthdystiad ag
> y gwyddant a gondemnir gan y mwyafrif mawr o'u cyfeillion a'u
> cydnabod, barch am fod yn ffyddlon i'w hargyhoeddiadau.
>
> (Y Rhedegydd, 3 Hydref 1914)

Gŵr a thân yn ei fol dros ymgyrch y rhyfel oedd Charles Penrose-Fitzgerald, ac ef a gafodd y syniad o greu'r mudiad dadleuol 'Brigâd y Plu Gwynion'. Merched ifanc oedd aelodau'r mudiad hwn, a'u bwriad oedd sarhau dynion ifanc nad oeddynt wedi ymuno â'r fyddin. Byddent yn estyn tair pluen wen i'w gosod ar ddilledyn oedd yn perthyn i'r gwŷr fyddai'n ddigon anffodus i ddal eu sylw, gan geisio eu perswadio i ymrestru trwy godi cywilydd a dwyn gwarth arnynt.

Yn aml, roedd digwyddiad fel hyn yn ddigon i yrru'r gwŷr yn syth i'r swyddfa recriwtio agosaf. Ond byddai'r merched hyn hefyd yn estyn plu ar gam i ddynion oedd wedi bod yn y frwydr, ac wedi dod adref am seibiant, neu wedi eu clwyfo. Daeth y weithred o estyn pluen wen i fychanu dynion yn weithred ddadleuol iawn am amryw o resymau.

Ym mhob cymuned roedd ymrestru yn achosi ymraniadau, ac roedd hynny yn sicr yn wir am deulu'r Ysgwrn. Er i Ellis ymuno ar ddiwedd 1916, pwysleisia ei chwaer, Enid, nad mynd o'i wirfodd a wnaeth y bardd, ond yn hytrach er mwyn ceisio sicrhau y byddai ei frawd iau yn cael aros gartref, ac am ei fod, yn ei geiriau hi, 'wedi blino ar y peth'.

Yn ystod cyfnod y rhyfel, roedd pobl ym mhob cymuned oedd yn gyfrifol am ddwyn perswâd ar y dynion ifanc i ymuno â'r fyddin. Yn ardal Ffestiniog, bu Lewis Davies, perchennog Siop y Gloch, Blaenau Ffestiniog yn flaenllaw

iawn wrth ei waith yn perswadio dynion ifanc y fro i ymrestru. Ef fyddai'n gyfrifol am ardal Trawsfynydd hefyd, ac mae'n sicr y byddai effaith geiriau Lewis Davies wedi cyrraedd aelwydydd megis yr Ysgwrn.

Cymeriad arall o'r fath oedd Robert Edward Roberts, o Lanuwchllyn. Pan ddaeth cyfnod gorfodaeth filwrol newidiodd rôl y dynion hyn, a bu'r ddau yn eistedd ar dribiwnlysoedd ym Meirionnydd yn gwrando ar amrywiol achosion. Oherwydd natur eu dyletswyddau does fawr o syndod eu bod yn gymeriadau amhoblogaidd yn eu cymunedau, fel y tystia'r gerdd 'Palas Pen Gwalia'. Awdur y gerdd oedd Caradog Rowlands, Ty'n Llechwedd, Llanuwchllyn, oedd wedi colli tri brawd yn y brwydro. Ceir ynddi gyfeiriad at fab Robert Edward Roberts, oedd hefyd o fewn oed ymrestru, ond a gafodd aros gartref i gadw'r siop. Nid rhyfedd felly fod y geiriau ynddi yn ddeifiol. Mae cyfeiriad yn ogystal at Lewis Davies, y Gloch, ac awgrymir yn gryf fod y ddau yn defnyddio eu dylanwad helaeth i anfon rhai i'w tranc, ac arbed eraill, gan ddibynnu ar fympwy personol.

*Y Royal Engineers, oedd yn cynnwys nifer
o chwarelwyr o'r Blaenau ac ardaloedd
chwarelyddol eraill yn y gogledd*

Milwrol
Penodwyd Mr. Lewis
Davies, Siop y Gloch, Blaenau
Ffestiniog, yn gynrychiolydd
milwrol dros Feirion. Gwnaeth
Mr. Davies waith mawr yn y
cylch yn adeg yr ymrestru
gwirfoddol. Y mae'n dra
adnabyddus fel argraffydd
a chyhoeddwr.

(*Y Goleuad*, 19 Ionawr 1917)

Palas Pen Gwalia'

Mae Palas ar ben Gwaliau
A bradwr ynddo'n byw,
Pen ffrind y Gloch a'r diafol,
Pen blaenor uffern yw.

Mae genau uffern heddiw
Yn agor gyda ffydd,
I lyncu'r hwn sy'n ennill
Ei bymtheg swllt y dydd.

Edrychwch bobol annwyl
Mewn difri ar ei fab,
Fe ddylai yntau roddi
Ei fywyd dros ei wlad.

Mae'n hawddach iddo fyned
Na neb o fewn y wlad,
A rhoddi'r siop yng ngofal
'Rhen satan sef ei dad.

Ni fynnwn y fath sothach
I'w gyrru i ffwrdd mor slei,
Cydunwn bobol annwyl
I'w wneud o yn fins pei.

Rhown ben ar fradwr Uwchllyn,
Nac oedwn ddim yn hwy,
A chodwn tano fechgyn
I yrru'r diawl o'r plwy'.

Ni welwyd y fath anifail
Mi ddwedaf un o gant
All fod mor galon galed
A gwerthu gwaed ein plant ...

Dyma ambell enghraifft o'r adroddiadau o'r tribiwnlysoedd a oedd mor gyffredin ym mhapurau newydd y cyfnod – pob un yn nodweddiadol o'r penderfyniadau a gawsai eu pasio gan bobl fel Lewis Davies, y Gloch.

Apeliai Mr. R. Isfryn Jones, ar ran Mr. G. J. Jones, 2, Castle Street, Penrhyndeudraeth, yr hwn oedd wedi cael ei wrthod gan Bwyllgor Lleol Deudraeth. Yr oedd Mr. Jones yn gynrychiolydd gyda Cwmni Yswiriol y Pearl, ac yr oedd yn anhebgorol angenrheidiol i'r gwaith yn y dosbarth, Anfonodd y Pwyllgor Lleol eu bod yn gwrthod apel gan fod Jones yn y cyfamser yn chwilio am waith o fudd cenedlaethol ac felly yn ystyried nad oedd o wasanaeth anhebgorol angenrheidiol i'r Cwmni. Gwrthodwyd yr apel.

Mr. Morris Evans, patent oil manufacturer, Blaenau Festiniog, appealed for his son and manager, Francis W. Evans (23), the only one who knew the secret of the oil who, if he had to go the business would have to be closed with consequent injury to the farmers who relied on the firm's specialities. He would also be unable to fulfil his contracts. It was a secret remedy which could not be given away to any other man.—The son also put in a claim. He said he was willing to help his country, but he was not willing to see his father forced to close the business. When the last man from Elliman's Embrocation works had gone to the army he would be willing to follow.—In reply to questions, Mr Evans, senr., said he had one son travelling for British Petroleum Company, but that did not prove that he was not serving his country. His other son was not strong.—Exemption refused.

TRIBUNAL Y SIR

Cynhaliwyd ddydd Iau diweddaf yn yr Abermaw. Llywyddwyd gan Mr William Owen U.H. Blaenau Ffestiniog. Yr oedd dau aelod newydd yn eistedd y tri hwn, sef Capt. E. Bowen Jones Ynysfor a Mr. E. Lloyd Jones. Corwen ac amlygwyd hyfrydwch o'u gweld. Yr oedd 37 o achosion i'w gwrandaw, ac yr oedd 20 o honynt yn apeliadau gan Capt. Turner Hughes, y Cynrychiolydd Milwrol yn erbyn dyfarniadau Llysoedd Lleol.

Dywedodd y Cadeirydd fod cynhadledd wedi ei galw yn yr Amwythig o gadeirwyr y gwahanol Lysoedd, a gwnaed cais taer arnynt anfon cymaint ag a allent o ddynion rhwng 19 a 30 i'r fyddin. Gorchymynir adolygu pob rhyddhad ganiatawyd, ac ni ddylid gweled bai ar y Cynrychiolydd Milwrol pan y bydd yn gwneud hyn.

Apeliai Mr. D. Evans, Bronllety Ifan, Arthog, am ryddhad pellach i'w fab, Lewis Evans, 21 oed, yr hwn oedd wedi ymddangos o flaen y Llys bump o weithiau. Yn ystod y gwrandawiad codwyd y cwestiwn o anfon y bachgen i gael ei archwilio yn feddygol. Dywedodd Capten Hughes fod pob un a anfonir o flaen Bwrdd y Meddygon i dalu ei gostau ei hun. Amheuid hyn gan y gwahanol gyfreithwyr oedd yn bresennol, ond dywedodd Capt. Hughes mai dyna oedd y gorchymyn diweddaraf. Gwrthodwyd.

Apeliai Mr. Hugh Jones, Meifod Isaf, yn erbyn gwaith y Pwyllgor Lleol yn gwrthod rhyddhad i'w fab, J. Herbertd Jones, 22 oed. Yr oedd yn angenrheidio ei gael ar y fferm. Ystyriai y Tribynlys Lleol y gallai ei fab, 15 oed y gwneud y tro. Gwrthodwyd.

PENNOD 4:
GWAITH I'R MERCHED

Y Rhyfel a Gwaith i'r Merched

Tra y mae'r merched yn gweiddi yn groch am bleidlais, nid ydynt eto wedi ymddangos yn awyddus am fod yn filwyr. Yn y meibion y mae ymladd. Ond y mae yr alwad gyffredinol i ymfyddino ar y Cyfandir yn gadael lleoedd y gwyr ieuainc yn mhob man yn wag y rhai a lenwir gan ferched ieuanc. Ym Mharis llenwir lle y dynion ieuainc yn y masnachdai gan foneddigesau wrth y cannoedd, a cheir merched ieuainc yn tyllu'r ticedi ar y tramiau. Unwaith y caiff y chwiorydd waith y gallent ei wneyd rhy anhawdd fydd eu disodli.

(*Yr Wythnos a'r Eryr*, 12 Awst 1914)

Yng Nghymru, cyn y rhyfel, roedd canran y merched a weithiai am gyflog y tu allan i'w cartrefi yn isel. Anghyffredin, ar y cyfan, oedd clywed am ferched yn dilyn proffesiwn, er bod rhai yn dilyn galwedigaethau megis nyrsio a dysgu a rhai eraill wedyn yn gwneud peth gwaith mewn diwydiant. Ar y cyfan, gwneud gwaith domestig, neu weini, fyddai'r rhan fwyaf o ferched oedd yn mynd o'r cartref i weithio. Ond wrth i'r dynion adael eu swyddi i ymuno â'r fyddin, roedd angen mwy o weithwyr i gymryd eu lle, ac yn arbennig felly wedi i orfodaeth filwrol ddod i rym. Daeth y rhyfel, felly, â chyfleoedd newydd i ferched Cymru, er mai teg yw nodi mai dros dro y bu'r cyfleoedd hyn. Dyma hysbysiad a ymddangosodd yn y *Cambrian News and Merionethshire Standard*, dyddiedig 6 Rhagfyr 1918, yn cyfeirio at waith powdr Penrhyndeudraeth:

PENRHYNDEUDRAETH. All female munition workers engaged at the local factory have received notices to terminate their engagements.

Wedi i'r rhyfel ddod i ben, y disgwyl oedd i bethau fynd yn ôl i'r un drefn a fodolai cyn i'r brwydro mawr ddechrau. Roedd angen gwaith ar y dynion oedd yn dychwelyd o'r rhyfel, wrth gwrs.

Yr oedd dau gwmni yn ardal gogledd Meirionnydd yn cynhyrchu miwnisiwns neu ffrwydron ar gyfer arfau rhyfel, sef gwaith powdr Penrhyndeudraeth (a ddaeth yn waith Cooke's yn ddiweddarach) a gwaith Boston Lodge, neu Ben y Cob, Minffordd. Roedd y ddau safle yn cyflogi merched dros gyfnod y rhyfel. Roedd ffatri cynhyrchu powdr ym Mhenrhyndeudraeth ers blynyddoedd, yn bennaf er mwyn cyflenwi ffrwydron ar gyfer y gwaith llechi. Yn dilyn ffrwydriad yno yn 1915, chwalwyd y ffatri, ond rhoddodd David Lloyd George, oedd yn Weinidog dros Arfau ar y pryd, orchymyn i ailadeiladu'r ffatri ar gost o £85,000 gan ddod â hi o dan adain y weinyddiaeth arfau. Dros gyfnod y Rhyfel Byd Cyntaf bu'n cyflogi yn agos at 350 o ddynion a merched. Erbyn 1917, roedd dros 80% o weithlu ffatrïoedd miwnisiwns ym Mhrydain yn ferched. Roedd yn waith peryglus a niweidiol i iechyd, gyda nifer fawr o ferched yn dioddef salwch difrifol o ganlyniad i weithio heb ddillad amddiffynnol priodol ynghanol cemegolion. Un sgileffaith o weithio gyda T.N.T., er enghraifft, oedd bod croen y merched yn troi'n lliw melyn – a dyma roes fod i'r enw 'Canary Girls'.

Byddai'r perygl o ffrwydriad bob amser yn fygythiad, ac yn aml ceid cyfeiriad yn y papurau newydd am rhyw weithiwr neu'i gilydd yn cael dirwy drom am gario blwch o fatshys yn ei boced. Byddai gweithwyr ffatrïoedd miwnisiwns yn gwisgo tagiau enwau, fel y milwyr, er hwyluso'r gwaith o'u hadnabod petai ffrwydriad yn digwydd.

Yn ystod y rhyfel roedd y gwaharddiad ar y llongau a ddeuai â bwydydd i mewn i'r wlad yn achosi trafferthion mawr, a chynyddodd yr angen am i Brydain gynhyrchu llawer mwy o fwyd ac i fod yn fwy hunangynhaliol. Ond gyda'r nifer o ddynion a weithiai mewn amaethyddiaeth yn lleihau wrth i'r brwydro fynd rhagddo, roedd bylchau amlwg yn rhengoedd y rhai oedd yn

THESE WOMEN ARE
DOING THEIR BIT

LEARN TO
MAKE
MUNITIONS

ISSUED BY THE MINISTRY OF MUNITIONS. Nº 023   PRINTED BY JOHNSON. RIDDLE & CO., LTD., LONDON. S.E. Wt.36056

gallu trin y tir. Yn Chwefror 1917, crëwyd Byddin Tir y Merched i sicrhau fod digon o gynhyrchu bwyd yn digwydd yng ngwledydd Prydain. Galwyd ar ferched i ymuno yn y frwydr trwy ymuno â'r 'fyddin' hon, gan gynnwys merched o Gymru wrth gwrs, a sicrhawyd bod colegau ar gael i'w hyfforddi mewn gorchwylion megis godro, aredig, plannu a chynaeafu.

Fel gyda chynifer o newidiadau cymdeithasol yn ystod y cyfnod bu cryn drafod ar y pynciau dyrys hyn, gyda'r papurau newydd yn cyhoeddi erthyglau fyrdd yn ceisio perswadio merched i ymuno yn yr ymdrech. Yn ogystal, gwelwyd yn aml erthyglau a llythyrau gan ddynion yn dadlau o blaid ac yn erbyn gadael i'r merched ddod yn fwyfwy blaenllaw mewn gwaith oedd yn draddodiadol yn waith ar gyfer dynion. Mae'n sicr bod rhagfarnau yn dal i fodoli ymysg rhai carfanau, oedd yn credu na ddylid caniatáu i ferched ymgymryd â gwaith o'r fath. Roedd y ffaith fod y merched yn gweithio am gyflogau is na'r dynion hefyd yn codi dadleuon ynglŷn â chyflogaeth. Dyma safbwynt *Yr Herald Cymraeg*:

MERCHED MEWN GWAITH.

Er dechreu y rhyfel y mae mwy o 728,000 o ferched mewn gwaith tuallan i'w car-trefi yn y wlad hon nag oedd cyn hynny. Ar y rheilffyrdd y mae 22,000 yn ychwaneg Yng ngwaith y cotwm y mae 25,000 wedi cymeryd lle y dynion. Gwna llawer o ferched waith dynion gyda'r crwyn a'r lledrau, llifo a gweithio coed, ac yng ngwaith gwydr a llestri. Hebalw hynny, y mae llawer o'r merched bellach mewn banciau a swyddfeydd eraill, yn gyru ac yn gwylio pyrth moduron. Tybed y daw esponiad newydd ar y geiriau, "Gwnaf iddo ymgeledd gymhwys.'

> ' Nid ydym yn erbyn i'r merched wneyd eu rhan i drin y tir mewn argyfwng fel hwn. Gyda llaw, hyderwn y bydd i ferched ieuainc Sir Gaernarfon fanteisio ar y cyfleusdra ardderchog geir yn awr yn Ysgol Madryn i'w cyfaddasu at weithio ar y tir. Cynygir ysgol, bwyd a lletty yn rhad, ac am ddim i'r rhai a ymrwymant i roddi eu gwasanaeth ar y tir yn ddilynol. Hyderwn na fydd i ferched Cymru adael i ferched Lloegr gipio cyfleusdra o'r fath yma o'u dwylaw. '
>
> *Yr Herald Gymraeg*, 20 Mehefin 1916

Gwelir hefyd gyfeiriadau difyr iawn, mewn amrywiaeth o destunau, sydd yn amlygu safbwyntiau'r oes ynglŷn â phriodoldeb caniatáu i ferched wneud gwaith corfforol trwm. Dyna'r hysybyseb am feddyginiaeth – 'Dr Williams' Pink Pills for Pale People – a gyhoeddwyd yn *Yr Herald Cymraeg*, 20 Chwefror 1917. Ysgrifenna un ferch ifanc, ddeunaw mlwydd oed: 'Dechreuais weithio ar fferm rai misoedd yn ol, ond mis Awst diwethaf dechreuais deimlo oddiwrth effeithiau hyny. Darfu i fwydo moch, godro etc., a bod yn barhaus ar dir gwlyb, brofi yn ormod i mi.' Ond trwy gymryd y moddion gwyrthiol ymddengys i'r ferch gael iachâd llwyr; â yn ei blaen i ddweud: '... ar ol cymeryd cwrs byr o Dr. Williams' pink pills y mae y gwahaniaeth yn fawr ynof. Dychwelodd y lliw a fy archwaeth. Cysgaf yn dda a gweithiaf heb ddiffygio.' Roedd y ffaith fod y ferch ifanc yn gallu 'gweithio heb ddiffygio' yn bwysig wrth gwrs i'r ymdrech ryfel, ac felly yn dyrchafu y 'Pink Pills' fel moddion angenrheidiol!

Ond mewn oes lle roedd merched wedi dechrau brwydro dros yr hawl i bleidleisio a thros hawliau mwy cyfartal, roedd yn gyfle iddynt ddangos eu bod yn alluog i ymgymryd â gwaith a arferai gael ei neilltuo ar gyfer dynion yn unig. Teimlai nifer o ferched fod medru gwneud gwaith angenrheidiol fel hyn yn codi eu statws o fewn cymdeithas. Er i nifer helaeth o'r cyfleoedd newydd yma ddiflannu eto ar ôl diwedd y rhyfel, mae'n deg dweud bod y tir wedi ei fraenaru ar gyfer Deddf Cynrychiolaeth y Bobl yn 1918, oedd yn rhoi hawl i rai merched dros ddeg ar hugain bleidleisio.

Yn anorfod, cyffyrddodd y rhyfel fywydau merched yr Ysgwrn hefyd. Roedd Mary Evans, chwaer Hedd Wyn, yn ferch ifanc wyth ar hugain oed erbyn 1917, ac yn fyfyrwraig yng Ngholeg Madryn ym Mhen Llŷn. Coleg amaethyddol oedd hwn, lle byddai'r myfyrwyr yn derbyn hyfforddiant ar bob mathau o sgiliau cynhyrchu bwyd. Yn ôl y teulu, roedd Mary yn dipyn o arbenigwraig ar wneud 'caws sgwâr'!

Mae llythyr a ysgrifennodd Mary at ei rhieni ym mis Hydref 1917 yn rhoi darlun diddorol o'i chyfnod yno, ac mae'n amlwg ei bod yn falch o'i lle. Mae'n amlwg oddi wrth eiriau Mary fod bri yn cael ei roi ar y gwaith, a'i bod yn llawer gwell ganddi fod yno nag yn gweini, sef y gwaith mwyaf cyffredin ar gyfer merched ffermydd y cyfnod. Dywed y teulu i Mary a'i chwaer, Cati, fynd yn eu blaenau i fod yn aelodau o'r Fyddin Dir, a'u bod wedi eu hanfon i drefi yn Lloegr i ddysgu merched eraill am gynnyrch llaeth, i gorddi ac i wneud menyn a chaws. Yn llythyr Mary hefyd mae'n gofyn i'w rhieni anfon arian ati: 'Cofiwch yrru *deg* swllt beth bynnag ...' Ac yna: 'Does gen i ddim ond ceiniog a dima ar fy elw, felly, nis gallaf symud or lle yma ...' Mae'r geiriau hyn yn datgelu mor ddibynnol oedd merched y cyfnod ar eu teuluoedd mewn gwirionedd, ac yng nghyd-destun hynny hawdd gweld mor bwysig oedd y cyfleoedd a ddaeth i ran merched o safbwynt cyflogaeth yn sgil y rhyfel, a chymaint o ddrysau a agorwyd iddynt. Cawn gip hefyd yn y llythyr ar ei hiraeth a'i thristwch o golli ei brawd: 'Mae sôn mawr am Ellis y ffordd hyn a phob tro yr edrychaf i gyfeiriad y Wyddfa mae arnaf hiraeth mawr am dano, ac adre hefyd.'

Mary Evans, yr Ysgwrn,
chwaer Hedd Wyn

YSGOL AMAETHYDDOL MADRYN.

Rhoddir cwrs o addysg i ferched ieuainc mewn trin llaeth, ymenyn, gwneud caws, cadw fowls, magu gwenyn, &c. Dechreuir Ebrill 19fed. Gellir cymryd cwrs o bedair i ddeuddeng wythnos. Tâl am fwyd, llety, ac addysg, 10s. i 15s. yn yr wythnos.
Ceir manylion cyflawn gan Mr. Evan R. Davies, Swyddfa Addysg, Caernarfon.

Roedd Mary yn ferch ifanc bump ar hugain oed pan gychwynnodd y rhyfel. Aeth Mary i goleg amaethyddol Madryn, ac yn dilyn ei chyfnod yno bu'n gweithio ar fferm yn Winchester. Priododd â phostmon yno fu hefyd yn filwr yn y Rhyfel Mawr.

Nid wyf yn gwybod i lle y byddaf yn cael fy ngyru eto ar ol fy nhraenio yma achos mewn pythefnos eto bydd fy amser i fynu ... Mae yma bymtheg o ferched yn y lle yma a deuddeg o students yn dywad eto dydd Gwener, hogia o Gymru, a Lloegr, mae chance i mina rwyn credu ... Mae merch Mrs Jones Caernarvon wedi bod yma yn aros ryn fath a fina am fis yn dysgu hefo'r gwenyn. Chwi welwch fy mod mewn lle uchel iawn, maent yn well fil o weithiau na gweini. '

Llythyr a anfonwyd gan Mary at ei rhieni yn yr Ysgwrn, Hydref 1917

Merch i brifathro ysgol o Fryn-crug ym Meirionnydd oedd Jane Roberts, a oedd yn nyrsio gyda Gwasanaeth Nyrsio Queen Alexandra. Roedd Jane wedi bod yn nyrsio yn yr Aifft am ddwy flynedd, ac ar ddechrau gwanwyn 1917, cafodd gyfle i dreulio ychydig o amser gyda'i theulu, cyn mynd yn ei hôl eto at ei dyletswyddau. Ymunodd â'r llong ysbyty, y *Salta*, ond ar 10 Ebrill 1917, ar ei ffordd i mewn i harbwr Le Havre, trawodd y *Salta* yn erbyn ffrwydron oedd wedi eu gosod yng ngheg yr harbwr gan yr Almaenwyr. Suddodd y llong o fewn munudau a chollwyd nifer fawr o'r rhai oedd ar ei bwrdd, gan gynnwys 42 o filwyr clwyfedig a naw nyrs. Roedd Jane Roberts yn 30 oed; gwelir ei henw ar gofeb i'r *Salta* ym mynwent Ste Marie, Le Havre.

Roedd nyrsio yn alwedigaeth arall a roddai le amlwg i ferched o'r dosbarth gweithiol a'r dosbarth canol is yn ystod y rhyfel gyda nifer yn teimlo'r rheidrwydd i wneud eu rhan mewn dull mwy uniongyrchol na gweithio ar y tir, neu mewn ffatri. Bu i nifer fawr o wragedd ymuno â sefydliadau a chymdeithasau oedd yn gofalu am y rhai a gâi eu clwyfo yn y brwydro, gyda charfan dda ohonynt yn gyrru'r cerbydau ambiwlans oedd yn cludo'r milwyr clwyfedig o'r rhengoedd blaen i'r ysbytai. Nid dynion yn unig fu'n llygad-dystion i erchyllterau'r brwydro.

Mae'n arwyddocaol bod nifer o ferched o deuluoedd cefnog yn rhan o'r gweithlu oedd yn ymgymryd â gwaith nyrsio yn ogystal, llawer ohonynt yn ymuno â'r Voluntary Aid Detachments, y VADs, fel nyrsys lleyg; eraill wedyn yn cynnig eu gwasanaeth fel gyrwyr ambiwlans a chogyddion. Trawsnewidiwyd sawl tŷ bonedd, megis plas Nannau, yn Llanfachreth, ger Dolgellau, yn ysbytai neu gartrefi nyrsio dros dro, a gwyddom i nifer o ferched adnabyddus y cyfnod wneud eu rhan, megis y chwiorydd Davies, Llandinam oedd yn gymwynaswyr mawr i elusennau a sefydliadau diwylliannol Cymru ar y pryd. Aeth Gwendoline a Margaret Davies i Troyes, yn Ffrainc, dan nawdd y Groes Goch i weithio yn y Cantine des Dames Anglaises, yn yr orsaf drenau, gan weini ar y milwyr oedd yn mynd a dod. Un arall a ymunodd gyda hwy yno oedd y gantores enwog, Dora Herbert Jones.

Rôl arall oedd gan wragedd yn ystod y Rhyfel Byd Cyntaf oedd i geisio dwyn perswâd ar y dynion i ymrestru. Bu'n ymgais fwriadol gan yr ymgyrch recriwtio i anelu peth o'u propaganda er mwyn dwyn pwysau ar y merched i wneud yn siŵr bod y dynion yn 'gwneud eu rhan' yn anrhydeddus, ac roedd hynny i'w weld mewn deunyddiau fel posteri neu bamffledi. A thra bo rhai yn teimlo elfen o falchder pan fyddai gwŷr, meibion a brodyr yn ymuno, byddai hefyd ymdeimlad o ofn a thor calon ymysg eraill wrth eu gweld yn ildio i bwysau cymdeithasol, ac ymrestru yn groes i'w gwir ddymuniad. Mae'n bosib iawn mai dyna a ddigwyddodd yn yr Ysgwrn.

Byddai'r papurau newydd a llyfrau'r cyfnod yn pwysleisio pwysigrwydd bod yn gefnogol i'r dynion oedd oddi cartre'n brwydro. Yn ogystal â'r llythyrau, y cardiau, y dillad, y bwydydd a'r parseli dirifedi a anfonwyd gan deuluoedd at eu hanwyliaid, roedd pwyllgorau a mudiadau yn codi ar hyd a lled y wlad er mwyn hwyluso'r gwaith o gefnogi'r gwŷr yn y ffosydd ar y cyfandir a thu hwnt. Bu i'r gangen gyntaf o Sefydliad y Merched gychwyn yn Llanfairpwll, Ynys Môn, gyda'r bwriad o gynyddu cyflenwad bwyd y wlad, a gwella'r cynhyrchu. Yn y *Cambrian News and Merionethshire Standard*, Ebrill 1917, mae cyfeiriad at adeilad oedd wedi ei adnewyddu ym Minffordd, Penrhyndeudraeth, at ddefnydd y 'Women's Institute in connection with the Agricultural Organisation Society'. Ac eto ym Mhenrhyndeudraeth, ceir cyfeiriad yn yr un papur newydd at ddosbarth gwnïo oedd wrthi'n brysur yn paratoi dilladau clyd a chynes i'r milwyr.

Hysbyseb o'r Cloriannydd, *12 Mai 1915*

Ym Mlaenau Ffestiniog, agorwyd ac addaswyd ystafelloedd neilltuol ar gyfer cyflogi merched oedd yn cael anhawster i'w cynnal eu hunain a'u teuluoedd. Daeth tro ar fyd i'r merched hyn am sawl rheswm, yn bennaf oherwydd y dirywiad yn y gwaith yn y chwareli llechi a ddigwyddodd yn ystod cyfnod y rhyfel. Roedd yno beiriannau ar gyfer gwau, ac amcangyfrifwyd bod tua 1,700 o barau o sanau yn cael eu cynhyrchu yno yn wythnosol. Byddai'r sanau hyn yn cael eu hanfon at ddefnydd milwyr gwledydd Prydain, Ffrainc a Gwlad Belg.

Mae'r papurau newydd yn frith o adroddiadau am weithgareddau amrywiol a lluosog oedd yn digwydd yn ardal Penrhyndeudraeth er mwyn hwyluso'r gwaith codi arian ar gyfer y milwyr, a'r Groes Goch. Mae enw Alice Williams, Castell Deudraeth, neu Alys Meirion, yn amlwg iawn yng ngweithgareddau Sefydliad y Merched. Yr oedd Alice Williams yn hanu o deulu rhyddfrydol a radical, ac roedd hawliau'r ferch yn bwysig iddi. Bu'n flaenllaw iawn gyda'r French Wounded Emergency Fund, a sefydlodd bencadlys i'r elusen yng Nghae Canol, Minffordd; byddai'n aml yn cynnal cyngherddau neu ddramâu yn yr ardal er mwyn codi arian ar gyfer y gwaith.

Daeth y rhyfel, felly, â chyfleoedd newydd a chyffrous i fywydau amryw o ferched; ond gan i gynifer o'r dynion a gawsai eu galw i ymuno yn y brwydro dychrynllyd gael eu lladd, mae'n sicr mai pryder, ofn a cholled fu profiad mwyaf cyffredin merched y cyfnod.

Merched a'r Rhyfel.

(Gan Ceinwen).

Gallai llawer un feddwl nad oes dim ond llwfr-dra yn perthyn i ferched, a'u bod yn barod i ym-guddio o'r golwg yn nydd cyfyngder; ond y mae hynny yn gamgymeriad o'r mwyaf. Yn wir, mewn llawer o amgylchiadau y mae merch wedi dangos fod aganddi fwy o wroldeb na'r mab: cawn engreifftiau o hynny ymhob oes a gwlad. Y mae merch yn gallu ymgynnal yn well mewn adfyd a phrofedigaethau na'r gwr. Llawer gwaith y gwelwyd rhyw aflwydd yn disgyn ar deulu—y gwr yn methu ymgynnal dan ei bwys, yn syrthio i iselder ysbryd, a'r cwbl o eisiau meddylgarwch a phenderfyniad; ond y wraig yn meddiannu ei henaid mewn amynedd, gan gadw ei sirioldeb a'i chalon i fyny. Pwyll ac amyn-edd y wraig a gadwodd lawer cartref rhag myned yn ddrylliau.

Yn yr oesoedd o'r blaen, pryd nad oedd breint-iau y merched mor lliosog ag y mae nt yn breseo-nol yr oedd eu harwriaeth a'u gwroldeb yn ennyn edmygedd eu cydoeswyr, fel y gwelwn yn hanes Buddug, yr hon, pan y bu farw ei gwr, Brasydog, a gymerodd lywiaeth y cadrodau arni ei hun, ac a arweiniodd ei lluoedd yn erbyn y Rhufein-iaid, gan eu gorchfygu aml dro. Yr oedd ei haraith wrth gyfarch ei chydwladwyr gorthrym-edig yn un o'r areithiau mwyaf godidog mewn hanesyddiaeth. Meddai wrthynt, "Ni raid i mi, wrth gymeryd fy safle a'm hawdurdod presennol, ymesgusodi wrthych oblegid fy rhyw, gan nad ymesgusodi i chwi ei bod yn beth arferol yw yn anhysbys i chwi ei bod yn beth arferol

'Ceinwen', colofnydd ym mhapur newydd Y Clorianydd *(12 Mai 1915) yn lladmerydd dros gyfraniad positif merched yn ystod cyfnod cyfnod y Rhyfel*

PENNOD 5:
'GADAEL FFRIDD, GADAEL FFRWD Y MYNYDD ...'

Mae cyfraniad Hedd Wyn i fywyd cyhoeddus ei ardal enedigol i'w weld yn amlwg rhwng dalennau papur newydd cylch Ffestiniog ar ddechrau 1916. Yr oedd yn arweinydd naturiol yn ei fro ac yn ŵr ifanc poblogaidd gyda'i gyfoedion. Yn ei lyfr *Moi Plas: cyfaill, cymeriad, tynnwr coesau* (1969), mae John Ellis Williams yn adlewyrchu'r cyfeillgarwch agos a'r hwyl oedd yn rhan o gymdeithas Trawsfynydd yn y cyfnod. Mae'r gyfrol hon hefyd yn adrodd hanes am y ddau gyfaill, Hedd Wyn a Moi Plas – sef Morris Davies, oedd yn byw ar fferm heb fod ymhell o'r Ysgwrn – yn trefnu i sicrhau fod ganddynt bum swllt i'w gwario yn yr Abbey Arms yn Llanffestiniog – pum swllt, fyddai'n ddigon i brynu ugain peint o gwrw i'r criw! Roedd Hedd Wyn yn feirniad yn y cwrdd llenyddol ym Mhenstryd, a doedd neb wedi cystadlu ar un o'r tasgau, sef cerdd i'r 'Drych'. Perswadiodd Hedd Wyn ei gyfaill, Moi Plas, i gystadlu; doedd hwnnw ddim yn hoff o'r testun, felly aeth Hedd Wyn ati i greu'r gerdd, a Moi wedyn yn ei chopïo yn ei lawsgrifen ei hun, a'i gyrru i'r gystadleuaeth.

Bu Moi Plas, hefyd, yn filwr yn y Rhyfel Mawr, ac yr oedd i ffwrdd ym Mhalesteina pan glywodd am farwolaeth ei gyfaill yng Ngwlad Belg

Morris Davies

Ar noson y cyfarfod, cyhoeddodd Hedd Wyn mai dim ond un ymgais ddaeth i law a honno'n ymgais dila iawn. Cyhoeddodd, er hynny, ei fod am wobrwyo'r bardd, gan ei fod yn awyddus i gefnogi beirdd ifanc oedd yn dechrau ar eu taith farddol. Cyhoeddodd enw'r bardd, a bu raid i Moi Plas gerdded i'r llwyfan i dderbyn ei wobr, a'r gynulleidfa yn cymeradwyo'n dosturiol! Ond fe weithiodd y tric, a chafodd y ddau noson i'w chofio, siŵr o fod, yn yr Abbey yn Llanffestiniog.

Oedd, roedd Hedd Wyn yn gymeriad hoffus yng ngolwg ei gyfoedion, gan gynnwys nifer o ferched yr ardal. Yr oedd, wedi'r cyfan, yn agosáu at ei ddeg ar hugain ac yn ŵr ifanc deallus, llwyddiannus a golygus. Un o'r merched hynny oedd Lizzie Roberts, merch a fu'n gweini ar un o ffermydd y fro. Byddai Hedd Wyn yn ei danfon adref weithiau i'w chartref, sef Tŵr-maen, tyddyn bychan diarffordd a safai mewn mawnog i fyny uwchben Cwm yr Allt Lwyd, ger Abergeirw. Ni does fawr o wybodaeth am y garwriaeth hon, ond bu farw Lizzie yn 1916, a chanodd Hedd Wyn sawl cerdd yn ei choffáu. Un arall o'i gariadon, neu o leiaf un a gafodd gryn sylw ganddo, oedd athrawes ifanc yn yr ysgol leol, sef Mary Catherine Hughes. Roedd Enid, chwaer Hedd Wyn, yn ddisgybl yn yr ysgol ar yr un pryd, a byddai'n cario llythyrau rhwng ei brawd a'r athrawes.

Ond roedd un ferch a gâi ei chysylltu â'r bardd yn amlach na'r un arall, sef merch o'r enw Jennie Owen, Pant Llwyd, Llanffestiniog. Yr oedd Jennie, Jini, neu Siân fel y cyfeiriai Hedd Wyn ati yn ei gerddi, yn ferch amddifad, ac yr oedd y ddau wedi cyfarfod un noson ar y trên ym Mlaenau Ffestiniog. Mae'n bosib nad oedd y berthynas bob amser yn mynd rhagddi yn hollol esmwyth, rhwng hoffter Hedd Wyn o farddoni a chwmni merched eraill, a'i ysbryd direidus. Ond o ddarllen ei gerddi i Jini Owen, rhywsut fedr rhywun ond teimlo y byddai'r berthynas wedi blodeuo. Yn ôl Carneddog mewn erthygl yn *Yr Herald Cymraeg* (29 Ionawr 1918): 'Dengys y cerddi nwyfiant ac angerddoldeb ei gariad tuag ati, ac y mae rhywbeth yn brudd, trawiadol, a rhamantus yn eu mynegiant.'

Jennie

Hogen glws, a chroen gwyn glân; – heb ei hail
   Yn y byd mawr llydan;
   Un dyner, ffeind ei hanian,
   O! od o *sweet* ydyw Siân.

Daw natur ddiymhongar Hedd Wyn i'r amlwg yn y gerdd hon a ysgrifennodd i Jini ym mis Mai 1916 ac mae'r eironi, o wybod nad edmygydd arall roddodd ddiwedd ar y garwriaeth, yn taro rhywun yn syth:

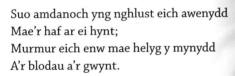

   Suo amdanoch yng nghlust eich awenydd
   Mae'r haf ar ei hynt;
   Murmur eich enw mae helyg y mynydd
   A'r blodau a'r gwynt.

   Ond hwyrach fod gwynt Ffestiniog er hynny
   Yn cludo i chwi
   Enw nes at eich calon, 'rhen Jennie,
   O filwaith na mi.

   Hwyrach y byddwch yn eiddo tryloyw
   I arall ryw ddydd,
   Digon, er hynny, fydd clywed eich enw
   Ar yr awel brudd.

   Pe gyrrech fi i ffwrdd fel hyn yn siomedig,
   Gan wawdio fy nghân,
   Meddyliaf amdanoch â chalon doredig
   Am byth, yr hen Siân.

   P'run bynnag ai heulwen ddisglair ai cwmwl
   Fedd y dyfodol i mi,
   Erys fy nghalon trwy ganol y cwbwl
   Yn ffyddlon i chwi.

Ar ddechrau 1916 a'r rhyfel yn ei anterth yr oedd Hedd Wyn yn parhau i fugeilio a helpu ei dad ar y fferm, ac yr oedd y byd llenyddol, cyhoeddus, Cymreig ar fin agor o'i flaen. Yn rhifyn 1 Ionawr 1916 o'r *Rhedegydd*, yn y golofn am newyddion Trawsfynydd ceir disgrifiad o'r 'wledd ragorol' oedd yn disgwyl y gynulleidfa yn y cyngerdd oedd i'w gynnal yno. Rhestrir y rhai fyddai'n cymryd rhan:

> Y mae enwau y cantorion yn ddigon o ad-daliad i bob un y caent werth eu harian ac hefyd i feddwl fod tri o blant y Traws yn gwasanaethu, sef Miss Jennie Hughes gyda'r berdoneg a Mr Richard Owen, Bl. Ffestiniog, yn llywyddu, a Hedd Wyn yn arwain.

Mewn nodyn byr yr wythnos ganlynol, dadlennir yn gynnil ond yn ddiamau falchder a chynhesrwydd trigolion yr ardal tuag at Hedd Wyn, y bardd ifanc, llwyddiannus, yn yr adroddiad ar y cyngerdd oedd yn datgan: 'Arweiniwyd yn hynod fedrus a deheuig gan ein Hedd Wyn ...' Mor llwythog yw'r gair bychan 'ein' yma.

Trwy gydol y flwyddyn gwelir cyfeiriadau at Hedd Wyn yn llywyddu neu'n arwain cyfarfodydd yn yr ardal. Yn ogystal â hynny, wrth gwrs, fel bardd gwlad byddai'n cyfrannu cerddi ac englynion yn gyson i'r papurau newydd lleol, yn arbennig felly i'r *Rhedegydd*. Yn anorfod, cerddi ac englynion hiraethus a thrist oedd y rhain gan mwyaf, yn gofiannau i'r bechgyn a gollwyd – cyfeillion a chydnabod iddo. Ni allwn ond dychmygu sut effaith gâi'r newyddion am y colledion hyn arno. Ond trwy'r misoedd hynny, roedd ei awydd i farddoni a chystadlu yn amlwg, a gwyddom iddo ysgrifennu llawer ar gyfer eisteddfodau a chyfarfodydd yn yr ardal a thu hwnt. Anfonodd awdl i gystadleuaeth y gadair yn Eisteddfod Genedlaethol Aberystwyth 1916, a daeth yn ail am y wobr, gydag un o'r beirniaid, J. J. Williams, yn dadlau dros wobrwyo ymgais Hedd Wyn.

Daliai ati i gystadlu, er iddo dderbyn sawl beirniadaeth ddigon llym, fel a ddigwyddodd yn dilyn ei ymgais am y gadair yn Eisteddfod Genedlaethol Bangor, 1915. Yr oedd ei awydd i farddoni yn gryfach na'r siomedigaethau hyn

– nid oedd yn un i dorri ei galon, ac arwydd arall o'i ysbryd hael a'i anwyldeb oedd yr englyn a ysgrifennodd i gyfarch ei gyfaill J. D. Davies, golygydd *Y Rhedegydd*. Yr oedd J. D. Davies wedi curo Hedd Wyn yng nghystadleuaeth y gadair yn eisteddfod Penmachno, ond yn wahanol i nifer o feirdd y cyfnod, nid oedd cythraul cystadlu yn effeithio dim ar Hedd Wyn. Disgrifa ei ffrind mewn englyn a ymddangosodd yn *Y Rhedegydd* (11 Mawrth 1916) fel 'Dyn braf sydd yn glod i'n bro, – ac hudol/Fardd Cadair Penmachno'.

Er bod bywyd yn ymddangos fel pe bai'n mynd rhagddo yn weddol ddigynnwrf i Hedd Wyn felly, roedd cysgod y rhyfel yn drwm ar y gymuned, gyda'r tribiwnlysoedd yn parhau i fod yn ddraenen yn ystlys y rhai hynny oedd yn methu gweld eu ffordd yn glir i ymrestru am ba reswm bynnag. Yn rhifyn 23 Medi 1916 o'r *Rhedegydd*, gwelir eto gyfeiriad yn y nodyn canlynol, sy'n ymddangos yn y golofn o dan 'Penrhyndeudraeth', at agwedd ddi-ildio'r tribiwnlysoedd wrth iddynt ddwyn pwysau ar ddynion i listio: 'Galw i fyny – Daeth llu o "warrants" i'r ardal y dyddiau diwethaf, llawer i feibion a gweision amaethwyr – dosbarth sydd wedi cael trugaredd hyd yn hyn. Amlwg fod chwynnu cyffredinol yn dechrau.' Byddai hysbysiad o'r fath yn sicr wedi ei ddarllen gyda phryder ar aelwyd amaethyddol megis yr Ysgwrn.

Nid oes tystiolaeth ysgrifenedig ar gael fod Hedd Wyn wedi derbyn gwarant o'r fath. Fodd bynnag, mae'r hyn a ysgrifennodd Bob Owen, Croesor yn ei lythyr yn cydymdeimlo â'r teulu yn dilyn marwolaeth Hedd Wyn yn cefnogi'r hanesion a drosglwyddwyd gan Enid Morris am fel y bu i'w thad orfod wynebu tribiwnlys i eiriol dros ei brawd:

Tystiodd Enid Morris hefyd i'w thad gael ei wawdio mewn un tribiwnlys. Roedd yn dioddef o'r crydcymalau, ac yn ei chael yn anodd symud yn sionc, ond yn ôl un aelod o'r tribiwnlys, ffugio ei gloffni yr oedd, er mwyn sicrhau fod Hedd Wyn yn cael aros gartref o'r ymladd. Gyda chynifer o'i gyfeillion a'i gydnabod bellach wedi ymrestru, byddai Hedd Wyn yn sicr wedi teimlo bod pwysau arno yntau i ymateb i'r alwad i fynd i frwydro. Roedd yn ŵr dibriod, heb neb yn dibynnu arno am gynhaliaeth ac wrth gwrs yr oedd Bob, ei frawd, yn cyrraedd ei ben-blwydd yn ddeunaw oed ym mis Tachwedd 1916. Doedd yr Ysgwrn chwaith ddim yn fferm a digon o dir yn perthyn iddi i warantu cadw dau fab o oed ymrestru gartref i'w gweithio.

Yn eironig, gorfodwyd Bob i ymrestru tua'r un pryd â Hedd Wyn ond ni chafodd ei anfon i'r ffosydd. Treuliodd fisoedd olaf y rhyfel yn Iwerddon yn aelod o'r fyddin yno.

Bob Evans

Gwersyll Litherland

Ystyrid Bob yn fwy o ffermwr na'i frawd llengar. Yn ôl y sôn, barddoni, yn hytrach na bugeilio oedd yn mynd â bryd Hedd Wyn ac yr oedd, meddid, o ran anian yn dipyn o freuddwydiwr; doedd ei ddoniau fel ffermwr yn ddim o'u cymharu â'i ddawn fel bardd. Mae'n bur debyg i Hedd Wyn ymrestru tua diwedd 1916, neu'n gynnar yn 1917, ym Mlaenau Ffestiniog. Ymunodd â 15fed Bataliwn y Ffiwsilwyr Cymreig. Yr oedd, ar y pryd, ar ganol ysgrifennu ei awdl i'r 'Arwr', sef testun cystadleuaeth y gadair yn yr Eisteddfod Genedlaethol y flwyddyn honno.

Byddai milwyr yn cael profion meddygol i sicrhau eu bod yn ddigon iach yn gorfforol i gymryd rhan yn y brwydro, ac i'r perwyl hwnnw y teithiodd Hedd Wyn ar y trên i Wrecsam ac i bencadlys y Ffiwsilwyr Brenhinol Cymreig yno. Yn dilyn hynny, bu yng ngwersyll milwrol Litherland ar lannau afon Merswy yn Lerpwl. Mae'n debyg iddo gyrraedd Litherland tua diwedd Ionawr 1917. Ni cheir unrhyw gofnod o'r union ddyddiad yr ymadawodd am Litherland o'r Ysgwrn. Ond ceir cyfeiriad yn *Y Rhedegydd* (10 Chwefror 1917) yn nodi ei absenoldeb o'r cyngerdd a gynhaliwyd yn Nhrawsfynydd ar nos Sadwrn,

3 Chwefror 1917: '... yr oedd ein harweinydd poblogaidd Hedd Wyn yn absennol, trwy iddo ef gael ei alw i fyny i ymuno a'r fyddin ddechreu yr wythnos.' Byddai'r dydd Llun 'ddechreu yr wythnos' hwn yn disgyn ar 29 Ionawr – felly gellir cymryd y dyddiad hwn fel un eithaf agos i'r dyddiad y byddai'n debygol o fod wedi cyrraedd Litherland.

Ceir tystiolaeth bellach o symudiadau Hedd Wyn ar ddechrau 1917, mewn llythyr cydymdeimlo at y teulu gan ŵr o'r enw William Tecwyn Parry. Dyma mae'n ei nodi: 'Diwedd mis Ionawr diwethaf yr oeddwn yn Wrexham a'r unwaith ag ef dan y Medical Board, a deuais a'i ddillad gyda mi, roddais hwy i Mr Jones y Guard i'w roddi i chwithau, trwy nad oeddwn yn eich adnabod.' Ai'r un Mr Jones y Guard sydd yma ag a gafodd ei anfarwoli yn englynion Hedd Wyn, tybed?

Jones y Guard

Dyn siriol a dawn siarad – yw efe
 Yn y Van yn wastad:
 Enwog ŵr, llawn o gariad
 Ar y 'line' yn gweini'r wlad.

Un difyr, ffraeth ei dafod – nid rhyw 'Guard'
 Oriog gwyllt diwaelod;
 Ac ym mhen hwn fe wn fod
 Ymennydd mwy na'r Manod.

Lluniodd englyn Saesneg iddo yn ogystal:

Handy Guard most kind and gay – so I wish
 To sing his praise alway,
 And I hope he'll be some day
 The ruler of the railway.

(O gasgliad Betty Roberts, Gilfach-wen, Trawsfynydd, Archifdy Dolgellau)

Mae'n debyg, felly, i Hedd Wyn fynd yn ei flaen o Wrecsam i Litherland yn syth wedi'r archwiliad meddygol hwn, ac iddo dderbyn ei lifrai milwrol ar gyfer y daith, gan anfon ei ddillad yn ôl gyda William Tecwyn Parry. Roedd Litherland yn wersyll hyfforddi milwyr wrth gefn y 3ydd Bataliwn, ac yno hefyd y byddai milwyr yn cael eu hanfon ar gyfer eu hailhyfforddi wedi iddynt ddychwelyd o'r brwydro am gyfnod yn dilyn salwch neu anaf. Lleolid y gwersyll mewn ardal ddiwydiannol ar gyrion Lerpwl, gerllaw ffatri miwnisiwns. Yr oedd y tywydd ar ddechrau'r flwyddyn honno, yn ôl cofnodion, yn eithriadol o oer a gaeafol, ac mae'n debyg y byddai'r tarth gwenwynig o'r ffatri ynghyd â'r lleithder oer o gyfeiriad yr afon wedi gwneud y gwersyll yn lle anghysurus iawn.

Dau fardd arall fu'n aros yng ngwersyll Litherland – er nad ar yr union amser – oedd Siegfried Sassoon a Robert Graves. Swyddogion yn y fyddin oedd y ddau a oedd wedi eu hanafu yn y brwydro. Dyma sut mae Robert Graves yn dwyn i gof ddigwyddiad a wnaeth argraff arno yn Litherland yn y cyfnod hwn yn ei hunangofiant *Goodbye to All That* (t. 217):

> ... marching through the streets of Litherland on a battalion route-march, I saw three workmen in gas-masks beside an open man-hole, bending over a corpse which they had just hauled up from the sewer. His clothes were sodden and stinking; face and hands yellow. Waste chemicals from the munitions factory had got into the sewage system and gassed him when he went down to inspect.

Aiff yn ei flaen i ddisgrifio'r amgylchiadau byw yn y gwersyll: '... with the mist steaming up from the Mersey and hanging about the camp, full of T.N.T. fumes. During the previous winter I used to sit in my hut, and cough and cough until I was sick.'

Roedd bywyd yng ngwersyll Litherland yn wahanol iawn i'r hyn roedd y rhan fwyaf o'r milwyr a gyrhaeddai yno o gefn gwlad Cymru yn gyfarwydd ag o. Fel y noda Robert Graves yn ei hunangofiant, roedd y gwersyll yn llawn o Gymry o siroedd y gogledd; Cymry Cymraeg o'r ardaloedd gwledig, gyda'r capel a gwerthoedd crefyddol yr oes yn ddylanwad cryf arnynt. Meddai: 'As much Welsh as English was now talked in the huts, the chapels having put their full manpower at Lloyd George's disposal.' Mae'n mynd yn ei flaen i adrodd hanes criw o Gymry o gyffiniau Harlech yn mynd ato i gwyno am iaith liwgar rhai o'r swyddogion. Noda hefyd i gynrychiolaeth o weinidogion y capeli Cymraeg ymweld â'r gwersyll i gwyno am ymddygiad y swyddogion ar ran y milwyr.

Mewn llythyr yn *Y Cymro* ar 12 Gorffennaf 1916, sonia'r Parchedig E. J. Jones, Llangernyw am ei ymweliadau â Litherland. Ynddo, mae yntau'n sôn am y swyddogion N.C.O. (sef y swyddogion hynny oedd wedi gweithio eu ffordd trwy'r rhengoedd i safle swyddog) oedd yn dueddol o fod yn fwy heriol:

> Hefyd, teimlad y milwyr (privates) yw, y cânt fwy o barch fel Cymry gan y swyddogion priodol (commissioned officers), tra y mae'n rhaid dweyd mai y N.C.O.'s, sef ambell i ringyll neu corporal sydd yn gwawdio ac yn rhegu rhai o fechgyn rhagoraf Cymru wrth eu disgyblu (drill).

Aiff yn ei flaen i sôn am y gwasanaethau crefyddol oedd ar gael i'r milwyr hynny oedd yn Litherland yng nghapel Wesleaidd Saesneg Wilson Lane. Byddai gwasanaeth Cymraeg yno bob bore Sul am 9.00, dan nawdd capel Cymraeg Stanley Road, Bootle, ond cwynai fod ambell swyddog yn fwriadol yn rhoi enwau rhai o'r bechgyn i lawr i fod ar ddyletswydd ar yr union amser hwnnw er mwyn sicrhau nad oeddynt yn medru mynychu'r gwasanaethau hyn.

Yng nghylchgrawn *Y Drysorfa* (Rhagfyr 1939), gwelir erthygl o dan y pennawd 'Hedd Wyn a Minnau', gan ŵr o'r enw J. B. Thomas, cyfaill i Hedd Wyn fu yn Litherland ar yr un adeg, yn darlunio ymhellach y bywyd a brofodd y ddau ohonynt yn y gwersyll. Er bod dros ugain mlynedd wedi mynd heibio er pan fu'r ddau yn cydletya yno, mae'r erthygl yn rhoi cipolwg gwerthfawr ar fywyd y milwyr oedd yn derbyn eu hyfforddiant yn Litherland. Mae'n ymddangos bod bywyd cymdeithasol a diwylliannol y milwyr yn parhau i raddau, gan fod sôn am eisteddfod, neu gyngerdd, yn cael eu cynnal o fewn cyrraedd y gwersyll yn fynych iawn. Sonia J. B. Thomas yn ogystal am arfer Hedd Wyn o weithio englyn ar ryw achlysur neu'i gilydd, fel hwn i wersyll Litherland a ymddangosodd yn ddiweddarach yn *Cerddi'r Bugail*:

> Gwel wastad Hutiau'n glwstwr – a bechgyn
> Bochgoch yn llawn dwndwr;
> O'u gweld fe ddywed pob gŵr:
> Dyma aelwyd y milwr.

Dywed hefyd fod eisteddfod wedi ei chynnal yn y gwersyll i ddathlu Gŵyl Ddewi, a hynny ryw fis wedi i Hedd Wyn gyrraedd yno. Rhoddodd Hedd Wyn ymgais ar weithio englyn ar y testun 'I Afr y Corfflu'. Fel hyn y canodd ond nid ei englyn ef a ddaeth i'r brig y tro hwnnw:

> Nid gafr ar greigiau ofron – ydyw hi
> Wrth neint oer a gloywon;
> Wele cerdd llanciau gwiwlon
> Y *Royal Welsh* ar ôl hon.

Byddai 'sosial', neu gyfarfod cymdeithasol, yn digwydd unwaith bob pythefnos dan ofal Cymry Lerpwl, yn York Hall, Bootle, neuadd oedd dan nawdd capel Stanley Road. Yno, byddai Hedd Wyn a milwyr tebyg iddo'n ymgynnull, gan lwyddo i gadw'r traddodiadau Cymreig a oedd mor bwysig iddynt yn fyw tra oeddynt yn Litherland. Dyma englyn arall o'i eiddo:

Y Sosial yn York Hall

> Nos Sadwrn mewn naws hudol, – ar un gwynt
> O'r hen 'gamp' materol
> Hwyliai arwyr milwrol
> A'u holl wŷr call i York Hall.

Gwelai'r bardd ifanc fod y diwylliant Cymraeg yn dal i roi cynhaliaeth a chysur i'r milwyr oddi cartref, ac yn dwyn rhyw ychydig o naws y cymunedau yr oeddynt yn hiraethu amdanynt yn ôl o fewn eu cyrraedd.

Mae'n amlwg fod Hedd Wyn wedi mynychu'r nosweithiau hyn yn York Hall yn gyson yn ystod y cyfnod y bu yn Litherland, ac roedd ei absenoldeb o'r cyfarfodydd wedi ei farwolaeth i'w deimlo ymysg ei gyfoeswyr yno. Mewn nodyn yn *Y Clorianydd* ar 21 Tachwedd 1917, mae sôn am un o gyfarfodydd York Hall lle mae gŵr o'r enw Pvt. Tom Parry yn canu clodydd y sefydliad, gan sôn am eu hiraeth ar ôl Hedd Wyn, oedd wedi ei ladd bron bedwar mis ynghynt:

> Bu Hedd Wyn afarwol, a'i Delyn mor lân,
> Fan yma'n diferu ei ddiliau mewn cân:
> A chlwyfus yw'n calon am na ddaw yn ôl
> Ond cedwir ei emyn yng Nghoffa York Hall.
>
> Paham aeth Awenydd y duwiau i lawr?
> Paham y machludodd athrylith mor fawr?
> Ei genedl wyla wrth gario ei chroes
> A'r graith a adewir yng nghalon pob oes.
>
> I Orsedd y Beirdd daw Ceridwen yn brudd,
> O golli ei Harwr awr anterth ei ddydd,
> Geilw y bryniau 'O tyred yn ôl,'
> A hiraeth amdano sy 'nghyrddau York Hall.
>
> Oes hafal i'r hynaws Arweinydd yn bod?
> Mae gwefus y wlad yn cynhanu ei glod;
> Portread Dedwyddwch ei dremyn, a'i wên
> A geidw ei ysbryd rhag myned yn hen.
>
> I chwi garedigion y milwyr i gyd
> Boed telyn yr Ha' ar eich aelwyd o hyd,
> Daw'r actau caredig a bendith i'ch côl,
> A chroeso diango' sy 'nghyrddau York Hall.

Canwyd y gerdd hon yn y cyfnod cynnar hwnnw wedi seremoni emosiynol y Gadair Ddu yn Eisteddfod Penbedw. Mae'n fynegiant o'r galar cyhoeddus oedd wedi cydio mewn pobl yn wyneb eu hedmygedd a'u hoffter o Hedd Wyn – y gŵr ifanc a'r bardd.

'... y mae yma le dipin yn wahanol i gartref mae yma fosys go gledion mae yma rai dest iawn a marw yma ond ffwrdd a ti ydi hi o hyd nes y syrthiwch chwi...mae yma ddifai bwyd yma does dim achos cwyno ... mae nhw yn dweud ei bod wedi altro wedi Capten Jones ddwad yma ... mae o yn byr syth o gwmpas i bethe.. mae yma un peth da iawn capel cymraeg yr ydym yn byr ffyddlon i hwnnw ydyni ddim wedi colli cyfle eto, ar ysgol sul ond athraw go sobor sydd gennom ... ... wel syd y mai yn dod yn mlaen yn nghynllwyd dene lle mae fy meddwl o hyd ...yr wyf yn siwr ei bod yn byr galed ar yr rhew a eira yma os ydyw rhyn fath ag yma... wel peidiwch a lladd y pryfed i gyd rhag ofn y cawn ddod adref i fynd ar ol un.

hyn ar hast ydwyf,

Deio '

Llythyr Dafydd Jones o Gwm Cynllwyd – neu 'Dei Tyncae' – fu'n derbyn hyfforddiant yn Litherland yn yr un cyfnod â Hedd Wyn. Collwyd Dei Tyncae ym mis Ionawr 1918.

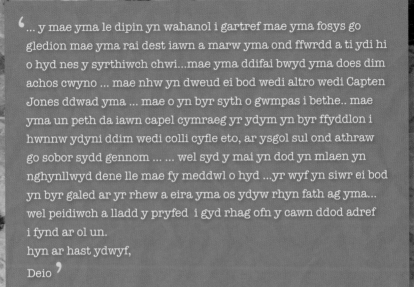

Roedd amgylchiadau byw yn y gwersyll yn Litherland yn bur ddieithr i fechgyn cefn gwlad anghydffurfiol Cymru, ond yn sicr roedd yn fyd cryn dipyn gwell a haws dygymod ag o na'r hyn oedd yn eu haros ar dir mawr Ewrop a thu hwnt. Un arall a fu gyda Hedd Wyn yn y gwersyll yn Litherland, ac wedyn yn y ffosydd, oedd gŵr ifanc o Gwm Cynllwyd yn Llanuwchllyn. Mewn sgwrs gyda Robin Gwyndaf, Amgueddfa Werin Cymru, y mae Simon Jones yn sôn am ei gyfarfyddiad cyntaf â Hedd Wyn ar daith drên ac yn disgrifio'r argraff gyntaf a gafodd o'r bardd: 'Odd o'n cyrredd o Drawsfynydd a finne o Lanuwchllyn 'r un bore, yndê. Ia, a dwi'n cofio heddiw, sgidie cochion genno fo a cetyn yn 'i geg, tro cynta imi 'i weld o, ac odd sgidie cochion amser hynny – o'n nhw ddim gen bawb amser hynny, yndê.' Go brin bod hwn yn ddisgrifiad disgwyliedig o fab fferm o Drawsfynydd, a gallwn yn eithaf sicr ddod i'r casgliad nad milwr wrth reddf mo Hedd Wyn ychwaith, ond yn hytrach dyn oedd wedi ei wthio i'r sefyllfa honno gan ei amgylchiadau.

Mae'n wir dweud wrth gwrs bod rhai o'r milwyr eraill hwythau yn anesmwyth iawn yn eu rôl fel rhan o'r peiriant rhyfel, fel y tystia'r llythyrau niferus a anfonwyd ganddynt. Ond yn achos Hedd Wyn roedd y ffaith ei fod hefyd mor annwyl, ac yn ôl ei gyd-wersyllwr Simon Jones, yn filwr mor ddi-glem, yn gwneud ei bresenoldeb yn y gwersyll yn fwy anghydnaws fyth. Cofiai i'r swyddog weiddi 'Attention!' ond fod meddwl Hedd Wyn ymhell, a'i fod 'yn gysglyd yn 'i waith' ac nad oedd yn 'ymorchestu bod o'n cal dim diddordeb yn y peth, ond wedyn odd Hedd Wyn yn amal iawn ar *defaulters* fin nos ... am fod o ddim *up to the mark* gan y *sergeant major*, a dene glywais i, glywais i lawer gwaith: "Come along. You're not on a bloody Welsh farm now. Wake up."'

Yn ogystal, tystia ei gyfaill William Morris yn ei erthygl yn *Cymru* (rhifyn 54, 1918) fel hyn: 'Mae'n anodd dirnad beth welodd neb yn Hedd Wyn i feddwl gwneuthur milwr ohono erioed. Nid oedd dim osgo nac anianawd milwr yn perthyn iddo o gwbl.' Ond anian milwr neu beidio, Litherland fu cartref y bardd o Drawsfynydd am y misoedd nesaf.

PENNOD 6:
YR ARWR

Wedi i Hedd Wyn ddod yn ail am y Gadair yn Eisteddfod Genedlaethol Aberystwyth, a chael beirniadaeth galonogol gan un o feirdd poblogaidd y cyfnod, J. J. Williams, daeth yn amlwg bod cadair y genedlaethol o fewn ei gyrraedd. Yr oedd yn prysur wneud enw iddo'i hun fel bardd, ac yn fwy na hynny, fel bardd oedd yn dod o gefndir gwahanol i'r rhelyw o feirdd amlwg y cyfnod oedd wedi derbyn addysg golegol. Gweinidogion, athrawon ac academyddion yn anad neb arall oedd y beirdd a gydoesai â Hedd Wyn.

Dyma sut mae un llythyrwr yn trafod ei gamp yn Eisteddfod Genedlaethol Aberystwyth yn *Yr Herald Cymraeg*, 12 Medi 1916:

' Un arall ddaeth i gael safle anrhydeddus yno oedd Hedd Wyn, Yr Rysgwrn, Trawsfynydd. Efe oedd y 'Fantell Fair' oedd y Parch J. J. Williams eisiau rhoddi y gadair iddo. Bachgen ifanc 29ain oed ydyw ef, yn gweithio yn galed ar y fferm, ac heb gael fawr o fanteision addysg, ond mae yn gallu barddoni mor rhwydd ag anadlu ... Anhawdd dod ar draws neb a gwell cof nag sydd ganddo ... Ni does dim ymffrost yn perthyn iddo, mae mor ddirodres a blodyn y grug. Disgwyliaf yn fawr y cawn ei weled yn eistedd yn ei Gadair Genedlaethol rai o'r blynyddoedd nesaf yma. '

LLYTHYR J. W. JONES, TANYGRIS IAU. A GWAITH HEDD WYN.

Tanygrisiau, Blaenau Ffestiniog. Anwyl Gyfaill,—Dyma fi yn anfon gai bach atoch gan obeithio eich bod wedi do i'ch cynhefin iechyd eto, a bod eich Mrs a' bechgyn yn dal i fyny yn dda yng nghanc y rhyferthwy mawr yma. Mae pawb y dyheu am weled y diwedd yn dod. "O ddedwydd ddydd, pa bryd y daw?" Gwel ais chwi yn gwneyd sy w o Bob Owen, Morf Glas yn "Yr Herald," wedi dringo uchel yn yr Eisteddfod Genedlaethol. Hyi rydwch fy nghalon yw gweled bechgyn i'au fel hyn yn dod yn mlaen. Pob llwyddiant iddo eto yw fy nymuniad. Un arall ddaeth i gael safle anrhydeddus yno oedd Hedd Wyn, Yr Rysgwrn, Trawsfynydd. Efe oeds "Y Fantell Fair", oedd y Parch J. J. Wil liams eisiau rhoddi y gadair iddo. Bachger ifanc 29ain oed ydyw ef, yn gweithio yr galed ar y fferm, ond mae yn gael fawr o fanteis ion addysg, ond mae yn gallu barddoni mor rhwydd ag anadlu, yn y caeth a'r rhydd ac wedi enill lliawg o wobrwyon mewn eistedd fodau o fri. Mae ganddo chwech neu saith o gadeiriau, ac wedi bod yn ail amryw c weithiau. Mae ganddo gywydd 'r "Y Dydd iau Blin" campus; anhawdd i ieirdd y coleg au na beirdd y pulpud wneyd ei weli. An hawdd dod ar draws neb a gwell cof nag sydd ganddo. Mae yn gallu adrodd bardd oniaeth yn rhigl, yn enwedig ein hawdlau di weddaf "Y Lloer," "Yr Haf," a gweithiau Elfyn. Nid oes dim ymffrost yn perthyn iddo, mae mor ddirodres a blodyn y grug. Disgwyliaf yn fawr y cawn ei weled yn eis tedd yn ei Gadair Genedlaethol rai o'r blyn yddoedd nesaf yma. Dyma i chwi dipyn o'i waith. Cewch ychwaneg eto os hoffech. Dyrwch hwynt yn eich colofn ddifyr yn "Yr Herald."—Yr eiddoch. J. W. JONES.

Yn Eisteddfod Aberystwyth, enillwyd y gadair gan weinidog o'r enw John Ellis Williams, am awdl ar y testun 'Ystrad-fflur'. Yr oedd y tri beirniad – John Morris-Jones, y Parch. R. Williams (Berw) a J. J. Williams – yn anghytuno ynghylch pwy ddylai gael ei gadeirio y flwyddyn honno. *Eldon*, sef y Parch. John Ellis Williams, oedd ffefryn dau ohonynt, oherwydd fod mân wallau yn awdl *Y Fantell Fair* (sef Hedd Wyn). Ond yr oedd J. J. Williams wedi gweld y tu hwnt i'r gwallau. Mae'r blerwch hwn yn gydnaws â sylwadau nifer o gyfeillion Hedd Wyn amdano, sef ei fod yn ddiofal, ac yn brysio i gael ei waith i mewn i gystadlaethau yn aml. Yn ei gofiant i Hedd Wyn, *Gwae Fi Fy Myw*, mae gan y Prifardd Alan Llwyd sylw diddorol ynghylch yr awdl hon. Dywed ei bod yn bosib dadlau, petai Hedd Wyn wedi ennill y gadair yn Aberystwyth, na fyddai efallai wedi bod mor benderfynol o gael ei awdl i'r 'Arwr' i mewn i'r gystadleuaeth yn Eisteddfod Penbedw y flwyddyn ganlynol.

Ond mae un peth yn sicr sef fod Hedd Wyn, a oedd fel arfer yn bur amheus o'i allu ei hun fel bardd, wedi teimlo'n ddigon hyderus i ddechrau cystadlu ym mhrif gystadlaethau barddonol y wlad. Gyda'r amser wedi dod iddo ymuno yn y brwydro, daeth yn amser hefyd iddo roi cynnig ar geisio gwireddu ei uchelgais, sef ennill cadair yr Eisteddfod Genedlaethol. Yr oedd, fel y crybwyllwyd eisoes, wedi dechrau ar y gwaith o lunio'r awdl i'r 'Arwr' cyn iddo adael am Litherland, ond go brin bod amgylchiadau yn y gwersyll wedi caniatáu iddo fwrw ymlaen rhyw lawer efo'r gerdd.

Mae J. B. Thomas yn taflu peth golau ar y modd y daeth cyfle i Hedd Wyn fynd yn ôl at ei awdl. Yr oedd angen o hyd am wŷr ifanc, abl i weithio ar y tir, ac ar ddiwedd gaeaf 1917 yr oedd angen dynion i aredig, er mwyn helpu gyda'r ymdrech i gynhyrchu bwyd ar gyfer y wlad, ac i fwydo'r milwyr. Gyda chynifer o'r dynion oddi cartref daeth galwad i Litherland am weithwyr parod i fynd i'r afael â'r gwaith aredig.

Ar y pryd, roedd J. B. Thomas yn gweithio fel clerc yn swyddfa'r D Company, lle roedd Hedd Wyn yn derbyn hyfforddiant. Yr oedd y ddau yn gyfeillion da ac yr oedd Hedd Wyn wedi dweud wrth J. B. Thomas am ei fwriad i geisio am y gadair, a'i fod ynghanol ysgrifennu ei awdl. Fel y noda yn ei erthygl 'Hedd Wyn a Minnau' (*Y Drysorfa*, Rhagfyr 1939): 'Yn awr, dyma ei ail gyfle yn diflannu oni ddeuai goleuni o rywle.' Mae'n mynd yn ei flaen i sôn fel y gwelodd fod cyfle yma iddo allu dylanwadu ar dynged yr awdl, a thynged ei ffrind:

> Fel y gŵyr pawb bugail oedd Hedd Wyn, ac fel bugail y gweithiodd ar lechweddau Cwm Prysor am bymtheg mlynedd olaf ei oes. Nid oedd gynefin ag aredig, ac ni bu ei ddwylo ar gyrn aradr erioed. Gwyddwn hyn yn dda, ac ni chredaf i mi bechu llawer trwy osod ei enw ef yn gyntaf ar restr aradwyr 'D' Company. Gwn y maddeuir hyn i mi. Cyn pen wythnos fe ddaeth y newydd cysurlawn fod yr aradwyr a oedd ar y rhestr i ddychwelyd ar unwaith i aredig ar ffermydd yng Nghymru. I ba le yr anfonwyd Ellis? I'r Ysgwrn, Trawsfynydd, ei gartref ei hun. Dyma bellach y cyfle yr hiraethai amdano i orffen yr hanner olaf o'i awdl. Bu yno am saith wythnos, ac fel y deellais wedyn, yn ystod yr holl amser hyn ni wnaeth ddim gwaith ar y fferm. Treuliodd yr amser yn gyfangwbl i orffen ei awdl. Tybed a ddioddefodd rhywrai brinder bwyd oherwydd hyn?

Does wybod a yw'r haeriad uchod yn wir i gyd. Anodd credu bellach na fyddai'r awdurdodau wedi cadw llygad ar yr aradwyr a oedd wedi eu gollwng o'u dyletswyddau yn Litherland. Tybed ai gwir hefyd oedd yr honiad na fu Ellis yr Ysgwrn erioed cyn hynny yn canlyn y wedd? Byddai gwaith aredig yn sicr yn waith cyffredin i ffermwyr y cyfnod, ac mae ei gyfaill Morris Davies yn sôn iddo fod yn aredig, ac mai dyna fyddai ei hoffter yn hytrach na bugeilio, gan haeru na fu Ellis erioed yn fugail llwyddiannus iawn! Beth bynnag fo'r gwirionedd, mae'n sicr fod y cyfnod hwn yn yr Ysgwrn wedi bod yn gyfle euraid i Hedd Wyn weithio ar ei awdl, a'r amser yn prysuro yn ei flaen, a'r anochel yn nesáu.

Yr oedd ei deulu, fel y nodwyd eisoes, yn gefnogol iawn iddo ac mae'n debyg iddo gael rhwydd hynt i weithio ar ei awdl yn ystod y cyfnod hwn. Mae peth ansicrwydd ynglŷn ag union amgylchiadau dychweliad Hedd Wyn i Litherland. Yn ôl un stori, bu iddo fethu â dychwelyd at ei gatrawd ar yr union adeg yr oedd disgwyl iddo wneud hynny, ac o ganlyniad iddo gael ei gludo i'r ddalfa ym Mlaenau Ffestiniog am noson, cyn ei anfon yn ei ôl i Litherland. Mae'r stori hon hefyd yn honni iddo gael ei anfon wedyn yn syth i'r brwydro am iddo fethu cyrraedd yn ôl ar ddyletswydd mewn pryd. Meddai William Morris yn ei gyfrol *Hedd Wyn*: 'Cyrhaeddodd Litherland gyda'i awdl yn nechrau Mehefin, wedi bod ddeuddydd yn hwyr. Bu raid iddo ddioddef am hynny trwy orfod mynd i Ffrainc yn gynt.'

Ni cheir unrhyw dystiolaeth yng nghofnodion llysoedd yr ardal i gefnogi'r honiad, fodd bynnag, er bod, mae'n ymddangos, nifer o ddynion eraill oedd wedi eu cymryd i'r ddalfa oherwydd iddynt fethu dychwelyd at eu dyletswyddau rhyfel. Noda un cofnod yn syml eu bod wedi eu cadw yn y celloedd 'Awaiting Military Escort'. Ond y mae yna, yn ddiau, stori y tu ôl i bob un o'r cofnodion hyn, a phwy a ŵyr pa fath o dor calon a phryder, salwch a stormydd meddwl oedd yn llechu y tu ôl i'r nodyn oeraidd hwn?

Nid yw Enid Morris yn sôn o gwbl am y stori hon, ac wrth rannu atgofion am ei brawd yn gadael, mae'n dweud mai disylw iawn fu'r ymadawiad, gan fod pob un dan deimlad ac wedi encilio gan nad oedden nhw am ei weld yn mynd. Mae hi'n sôn amdano'n galw, 'Dwi'n mynd rŵan ...' ac iddi hithau ei wylio'n gadael yr 'entri' trwy ganllaw'r grisiau, a dal i'w wylio nes iddo fynd o'r golwg. Atgofion olaf plentyn o'i brawd mawr hoffus sydd ganddi, wrth gwrs.

Mae J. B. Thomas yn ei erthygl yn *Y Drysorfa* yn mynd yn ei flaen i ddweud sut y bu i Hedd Wyn, pan ddychwelodd i Litherland, fod 'wrth ei fodd, ei ysbryd wedi llonni, a'i obaith wedi adfywio', oherwydd bod yr awdl wedi ei chwblhau. Ond wedi iddo ef fynd trwyddi gyda'r bardd sylwodd nad oedd dim atalnodi ar gyfyl yr awdl – '"Beth am y stops?" gofynnais. "O", meddai, "dodwch hwynt i mewn lle bo eisiau."'

Yr oedd J. B. Thomas yn gadael Litherland am ychydig o ysbaid gartref yn dilyn dychweliad Hedd Wyn, a chafodd gyfle i ysgrifennu'r awdl yn daclus, ond pan ddychwelodd i'r gwersyll wythnos yn ddiweddarach yr oedd Hedd Wyn wedi gadael am Ffrainc ers 9 Mehefin.

Yn ôl ei addewid, fe gopïodd J. B. Thomas yr awdl, a'i hanfon wedyn at Hedd Wyn tra oedd yntau yn paratoi gyda'i gatrawd, ac yn Ffrainc y gwnaeth Hedd Wyn ei newidiadau terfynol i'w awdl. Mewn llythyr o Ffrainc at gyfaill yn Nhrawsfynydd mae'n nodi: 'Nid wyf wedi cwblhau fy awdl eto, ond os caf garedigrwydd y dyfodol mi geisiaf wneud' (William Morris, *Hedd Wyn*, t. 101).

Mae llawer o ddryswch ynglŷn ag union amgylchiadau anfon yr awdl i gystadleuaeth y gadair hefyd. Roedd Hedd Wyn yn gallu bod yn ddigon di-drefn ynglŷn ag anfon ei waith i gystadlaethau mewn pryd felly nid yw'n syndod i'r awdl fuddugol gyrraedd ar y funud olaf. Erbyn hyn yr oedd ei gatrawd yn symud yn ei blaen i gyfeiriad Gwlad Belg. Anfonwyd yr awdl, wedi ei diwygio, a'r ffugenw wedi ei newid o *Y Palm Pell* i *Fleur-de-lis*, a hynny o bentref bach Fléchin yng ngogledd Ffrainc, er mwyn cyrraedd y gystadleuaeth erbyn 22 Gorffennaf.

Yr Arwr

(Detholiad)

1 Yr Eneiniog

Wylo anniddig, dwfn fy mlynyddoedd
A'm gwewyr glywyd ar lwm greigleoedd,
Canys Merch y Drycinoedd – oeddwn gynt:
Crïwn ym mawrwynt ac oerni moroedd.

Dioer wylwn am na welwn f'anwylyd,
Tywysog meibion gwlad desog mebyd,
Pan nad oedd un penyd hyd – ein dyddiau,
Ac i'w rhuddem hafau cerddem hefyd.

Un hwyr, pan heliodd niwl i'r panylau
Rwydi o wead dieithr y duwiau,
Mi wybûm weld y mab mau – yn troi'n rhydd
O hen fagwyrydd dedwydd ei dadau.

Y llanc a welwn trwy'r gwyll yn cilio
I ddeildre hudol, werdd Eldorado:
O'i ôl bu'r coed yn wylo, – a nentydd
Yn nhawch annedwydd yn ucheneidio.

Y macwy heulog, paham y ciliodd?
Ba ryw hud anwel o'm bro a'i denodd?
Ei oed a'i eiriau dorrodd, – ac o'i drig
Ddiofal unig efe ddiflannodd.

Yr oedd y peiriant rhyfel yn symud yn gyflym yn ystod yr wythnosau hyn. Roedd angen niferoedd mawr o filwyr ar y cyfandir yn barod ar gyfer y symudiad nesaf yn yr ymgyrch ar hyd y ffrynt gorllewinol. Symudodd Hedd Wyn gyda'i gatrawd i dref Rouen, ac yno y bu trwy weddill mis Mehefin 1917 yn cael hyfforddiant pellach. Yn Rouen, cafodd gyfle i lunio'r llythyr enwog, 'Rhywle yn Ffrainc'. Nid llythyr personol oedd hwn ond, yn hytrach, llythyr i'w gyhoeddi yn *Y Rhedegydd,* er iddo ei anfon yn y lle cyntaf at gyfaill iddo yn Nhrawsfynydd. Yr oedd yn arferiad i'r milwyr anfon llythyrau tebyg ar gyfer eu cyhoeddi ym mhapurau newydd y cyfnod, ac mae nifer helaeth o lythyrau ac erthyglau tebyg dan y pennawd 'Rhywle yn Ffrainc' i'w canfod. Cyfeirio y mae'r pennawd at y ffaith nad oeddynt yn gallu datgelu ym mhle yn union yr oeddynt, rhag rhoi gwybodaeth ddefnyddiol i'r gelyn.

Annwyl Gyfaill,

Mae'n debyg nad oes eisiau i mi ddweud wrthych pwy ydwyf wrth
ddechrau fy llythyr yma, oherwydd bydd ei aflerwch yn ateb drostaf ...
'r wyf wedi digwydd disgyn mewn lle llawn o brofiadau rhamantus ac
anghyffredin, – pan oedd tri neu bedwar ohonom yn cwyno ar y gwres,
daeth hen filwr wyneb-felyn heibio a dyma fo'n dweud – 'Wel peidiwch a
cwyno boys bach, beth petae chwi yn Soudan erstalwm 'r un fath a fi, 'r
oedd gennyf helmet bres ar fy mhen, a phlat pres ar fy mrest a rhywbryd
tua dau o'r gloch i chwi, gwelwn rhywbeth yn llifo hyd fy nhrowsus ac
erbyn edrych 'r oedd yr helmet a'r plat yn brysur doddi, beth ydych
chwi yn cwyno boys bach.'

Mae yma wlad ryfeddol o dlos yn y rhannau a welais i hyd yn hyn,
– y coed yn uchel a deiliog, a'u dail i gyd yn ysgwyd, crynu a murmur,
fel pe baent yn ceisio deud rhywbeth na wyddom ni am dano, neu fel
pe bai hiraeth siomedig o Gymru yn dod yn ôl yn athrist ar ôl methu
cael hyd i rywun sy'n huno yn 'Rhiwle yn Ffrainc'. Gwelais yma lwyni
o rosynnau, 'r oedd gwefusau pob rhosyn mor ddisglair a gwridog a 'thai
myrddiwn o gusanau yn cysgu ynddynt, a chan fod y tywydd mor hyfryd
ceir yma olygfa dlos tuhw[y]nt yn oriau y machlud a'r haul yr ochr draw
i fataliwnau o goed yn myned i lawr mor odidog a hardd ag angel yn
myned ar dân. Ymhen ennyd gwelid llen denau o liw gwaed tros y gorwel
a rhyw felyndra tebyg i liw briallu wedi ei gyfrodeddu ynddi, ond y peth

Mae'r llythyr yn nodweddiadol o arddull y cyfnod o safbwynt y disgrifiadau
rhamantaidd, ond mae hefyd yn llythyr sy'n dangos natur hynaws, obeithiol
y bardd, yn arbennig yn y rhan lle mae'n disgrifio'r blodau yn tyfu yn yr hen siel.

Nid yw'n llythyr gan filwr profiadol, a bron nad oes rhywbeth yn ddiniwed
yn y dweud, o gofio beth oedd yn wynebu'r milwyr yn y brwydrau mawr;
yn sicr, mae eironi trist yma ymhleth yn y geiriau, fel y sisial trwy'r dail yn eu
rhybuddio efallai am yr hyn oedd i ddod.

tlysaf a welais i hyd yn hyn oedd corff hen 'shell' wedi ei droi i dyfu blodau: 'roedd coeden fechan werdd yn cuddio rhan uchaf yr hen 'shell' a naw neu ddeg o flodau bychain i'w gweled cyd-rhwng y dail yn edrych mor ddibryder ag erioed.

Dyma i chwi brawf fod tlysni yn gryfach na rhyfel onide? a bod prydferthwch i oroesi dig; ond blodau prudd fydd blodau Ffrainc yn y dyfodol, a gwynt trist fydd yn chwythu tros ei herwau, achos fe fydd lliw gwaed yn un a sŵn gofid yn y llall.

Mae yma lawer math o bobol i'w gweled o gwmpas yma, gwelais lawer o Rwsiaid a difyr yw cael hamdden i edrych ar y rhai hyn, a gwybod eu bod yn dystion o dragwyddoldeb eisoes, – eu gwlad, eu caethiwed hen, a'i deffro sydyn. Mae yma Indiaid lawer hefyd, eu gwalltiau fel rhawn, a thywyllwch eu crwyn yn felynddu, a'u dannedd fel gwiail marmor, a dylanwad eu duwiau dieithr ar bob ysgogiad o'u heiddo. Gwelais garcharorion Almanaidd hefyd, 'roedd cysgod ymerodraeth fawr yn ymddatod yn eu llygaid, a haen o dristwch yn eu trem. Nid wyf fi wedi cyrraedd at berygl eto, ond yng nghanol nos byddaf yn clywed sŵn y magnelau fel ochneidiau o bell, hwyrach y caf fwy o hamdden a phrofiad i ysgrifennu fy llythyr nesaf. Cofiwch fi at bawb yn eich tŷ chwi ac o gwmpas.

Yr eiddoch fel arfer,
Hedd Wyn

Detholiad o lythyr 'Rhywle yn Ffrainc',
Y Rhedegydd, 7 Gorffennaf 1917.

Mor wahanol yw cofnod milwr arall o Feirionnydd, sef Arthur Morris, Plasdeon, Llanuwchllyn. Mae ôl ei brofiadau yn y fyddin yn drwm ar y geiriau uniongyrchol a ymddangosodd mewn colofn ym mhapur newydd *Y Drych*, 30 Awst 1917. Yr oedd Arthur Morris yn un o bedwar brawd oedd yn filwyr; lladdwyd ei frawd 'Ton' yn dair ar hugain oed yn Ffrainc ym Mawrth 1917:

'Yr wyf yn gwybod am bentref Beaurains, a'r fynwent Brydeinig lle gorwedd ein Ton. Y mae yn chwith meddwl ei fod yn ei fedd. Pan gyfarfyddais ag ef ychydig o ddyddiau cyn iddo gael ei ladd adroddai ei hanes a'i helyntion ar y Somme ddiwedd yr haf. Yr wyf yn cofio un hanes. Yr oedd un tro gydag eraill yn casglu 'equipment' oddiar y meirw ar y tir oedd ychydig ddyddiau cynt yn dir i neb, sef y tir sydd rhwng ein ffosydd ni a ffosydd y gelyn. Mewn pwll tanbelen daeth o hyd i fachgen ieuanc oedd wedi marw ar ei eistedd. Yr oedd wedi ei daro yn ei glun, ac wedi ymlwybro i'r pwll i rwymo ei friw. Y mae pob milwr yn cludo rhwymau priodol i'w ganlyn. Yr oedd y bachgen druan wedi haner rwymo ei aelod a'i friw i geisio atal ei waed, ond bu farw yn y weithred a'r gweddill o'r rhwymyn yn ei law. Y mae rhywun yn galaru ar ol y bachgen hwnw, ond y mae yn drugaredd na wyddant hanes ei ddiwedd. Wrth fyned heibio ein mynwentydd sylwais fel y byddem i gyd yn ddystaw gan deimladau dwys. Troem ein gwynebau i edrych ar y croesau bychan gwynion, ac ynof fy hun, byddwn yn meddwl – tybed fydd fy enw i ar groes wen yn y fan hyn. Fe ddichon mae rhywbeth yn debyg ydoedd meddyliau fy nghyfeillion.'

Er i Hedd Wyn obeithio y byddai'n cael cyfle eto i ysgrifennu llythyr arall, ni ddaeth y cyfle hwnnw.

Ond fe fu Hedd Wyn yn ysgrifennu, fel y gwyddom, gan iddo gwblhau ei awdl 'Yr Arwr', ac ysgrifennodd o leiaf un gerdd i ddau ffrind oedd gydag o ar y daith tuag at Ieper. Gwyddom o dystiolaeth Simon Jones, Cynllwyd, Llanuwchllyn iddo fod yn ei gwmni, a chaiff Simon Jones ei enwi yn un o gerddi olaf Hedd Wyn, ynghyd â gŵr arall o Lanuwchllyn, sef Edward Morris Edwards, neu Ned Bach y Llys. Roedd y ddau yn ysgrifennu llythyrau adref, gorchwyl chwerwfelys mae'n debyg, o gofio beth oedd yn eu hwynebu o fewn ychydig wythnosau.

Un noson dawel, hyfryd
Uwch law y dolydd brâs,
Roedd dau o *foys* Llanuwchllyn
Yn 'sgwenu goreu glâs;
Llythyrau i'w cariadon
Anfonai'r ddau yn iach,
Ac enw un oedd Simon
Ac enw'r llall Ned bach.

Ond pan ddarfyddo'r Rhyfel
A'r helynt hwn i gyd,
Daw dau o *foys* Llanuwchllyn
Yn ol yn wyn eu byd;
Rhieni o'u pryderon
A'u clwyfau dro'nt yn iach,
Pan welant wyneb Simon
A chlywed llais Ned bach.

Fel y mae Simon Jones yn ei adrodd, yn eironig, fe ddychwelodd y ddau yn y gerdd o'r brwydro – Simon Jones i ffermio ym Meirionnydd, ac Edward Morris Edwards, Ned Bach, i weithio ar y rheilffyrdd yn ne Cymru.

Dyma sut yr adroddodd Simon Jones yr hanes am ei gyfnod ef a Hedd Wyn yn y fyddin wrth Robin Gwyndaf, gan roi cipolwg gwerthfawr inni ar fywyd milwr yn y Rhyfel Mawr:

Glywsoch chi o'n deud ryw rigwm wrthoch chi?
Ia. Dwi'n cofio bod ni mewn lle o'r enw Fletching, ddim ymhell o Ypres. Trênio roedden ni. Dwi'n cofio'n dda. O'n ni'n trênio trwy gae ŷd mawr, trwy 'i ganol o. A wedyn dwi'n cofio bod ni – tro cynta es i i Fletching – o'n i wedi mynd yn llau. A wyddwn i ddim bod 'ne fath beth â llau yn Ffrainc. A riportio'n *sick*, meddwl fod frech goch arna i, ar fore dydd Sul a doctor yn deud wrth ryw *officer* odd hefo ni, '*Give him some ointment.*' A dene fo. A wedyn gês *light duty*, mynd ar hyd y pentre i hel papur trwy 'mod i'n *sick* – yn *sick* a ddim yn *sick* iawn. A be welwn i allan ar ryw gae ond twr o *soldiers* wedi tynnu'u cryse a phob peth. A wir, mi es i i edrych be o'n nhw'n neud. Lleua, tynnu llau, roedden nhw, wyddoch chi. Ac erbyn hynny o'n inne'n llau byw, yndê.

A jyst 'run man, 'run amser, odd Hedd Wyn yn digwydd pasio ac o'n i â ryw fachgen arall o Lanuwchllyn, Ned Bach y Llys – o'dd o'n cydoesi â fi yn yr ysgol, dwi'n coelio – ac yn sgwennu llythyre oedden ni. A dene Hedd Wyn 'n sefyll wrth 'n penne ni a dene fo'n dechre barddoni.

Simon Jones

PENNOD 7:
Y FRWYDR

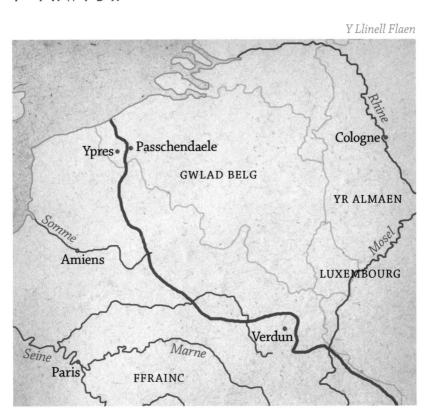

Roedd y gamlas ger tref Ieper yng Ngwlad Belg yn fan hollbwysig o safbwynt y brwydro, gyda'r Almaenwyr a'r Cynghreiriaid yn benderfynol o'i meddiannu. Lle digysur ydoedd, yn ôl tystiolaeth W. P. Wheldon yn ei erthygl yn y *Welsh Outlook* (Mawrth 1919): 'The canal itself was shallow with a bottom of slimy filth, strewn with bully beef tins and empty jam tins'; ac ymhellach: 'it was no longer a canal, but a drain in which rats alone of all living things found life and pleasure.'

‘Un noson aeth ychydig ohonom i ffos oedd heb fod yn bell oddiwrth y gelyn, i osod ein gynnau ... Tua dau o'r gloch y boreu daeth yr Infantry a'n gynnau i fyny, a thrwy fod y gynnau yn bethau anhwylus i'w cludo ar hyd ffos gul a bylchog, yr oedd yno duchan a digon o sŵn. Aeth y gwyr traed ymaith, a gadawyd ni i drugaredd y gelyn oedd bellach wedi deall fod yno rywbeth yn myned yn mlaen yn y pwt ffos hono; a chawsom wybod hyny yn fuan.

Dechreuodd y pelenau sydyn – y whizz-bangs – ddyfod trosodd. Gallwch glywed eu su am eiliad, ac yna daw y 'bang'. Disgynent ar fin y ffos, yn y ffos, a thu hwnt i'r ffos, a ninau yn crwcwd am ein bywydau bach yng ngwaelod y ffos ...

Mor gynted ag y clywem ffrwydriad un belen clywem su y belen nesaf yn dyfod. Hefyd dechreuodd y shrapnel shells ffrwydro uwch ein penau; clywn rhywbeth yn chwyrnu heibio fy nghlust, a dyna lwmp o shrapnel yn claddu ei hun yn mur y ffos. Rhoddais fy mys arno; yr oedd yn boeth i'w ymhel. Lle garw oedd yno. Y mae yn anhawdd ei ddesgrifio, ond gallaf yn onest ddefnyddio yr hen frawddeg – 'Yr oedd yn beryg bywyd yno'. Daeth ein swyddog o rywle, a chawsom orchymyn i ddianc. Nid oedd angen ail-ddweyd wrthym. Yr oedd y ffos wedi ei dryllio ac wedi ei haner lenwi mewn mannau fel mai llafur caled ydoedd ceisio rhedeg.’

(Disgrifiad o fywyd yn y ffosydd mewn brwydr flaenorol.
Arthur Morris, *Y Drych*, 30 Awst 1917)

Bu Arthur Edwards, Tyddyn'ronnen, Llanuwchllyn yn gwasanaethu yn yr un ardal ar ddechrau 1917. Mewn llythyr a anfonwyd ganddo at ei deulu mae'n disgrifio'r amgylchiadau byw erchyll a brofodd yntau ar lan yr union gamlas, ger Ieper:

Nid wyf yn meddwl y llwgith neb allan yn y 'trenches' yma achos mae yma ddigon o gig fresh wrth law bob amser yma. Mae'r llygod yn berwi yma. Pan yn cael ychydig o orffwys weithiau cyn gynted ac y tawelwch chwi fe deimlwch y llygod yn dechrau cerdded drosoch. Mae yn rhyw deimlad reit ryfedd eu teimlo yn cerdded drosoch ac yn sniffian uwch eich pen a thendiwch hynny o 'rations' sydd gennych neu barsel; ni byddant yn hir yn ei roi o'r golwg yn rhywle.

Collwyd Arthur Edwards hefyd, ond ar ddechrau 1917, ac mae ei fedd yntau ym mynwent Bard Cottage, ger Ieper. Ac yno, ar lan y gamlas ynghanol y 'cig fresh', y byddai cartref y milwyr Cymreig, gan gynnwys Hedd Wyn, am y dyddiau nesaf.

Yr oedd un gŵr yn anad neb yn gyfrifol am y Trydydd Cyrch, sef y Maeslywydd Douglas Haig. Erbyn Ebrill 1917 roedd UDA wedi ymuno yn y rhyfel ac yn hytrach nag aros am gefnogaeth o du'r wlad honno, fel yr oedd y Swyddfa Ryfel yn ei argymell, yr oedd Haig yn benderfynol o symud ymlaen. Y gred gyffredin yw mai'r rheswm am hynny oedd ei fod yn awyddus i sicrhau mai i'w ran ef y deuai'r gydnabyddiaeth am unrhyw lwyddiant. Beth bynnag am y rhesymau y tu ôl i'r penderfyniad, symud ymlaen fu raid a hynny ar gost anferth o safbwynt y bywydau a gollwyd. Erbyn i'r Cynghreiriaid feddiannu cefnen Passchendaele, wedi 16 wythnos o frwydro, yr oedd dros 300,000 o'u milwyr wedi eu colli, heb sôn am y colledion i fyddinoedd yr Almaen; a buan y daeth y Cadfridog Haig yn adnabyddus wrth ei lysenw, 'y Bwtsiwr'.

Ar 7 Mehefin, ymosododd milwyr gwledydd Prydain a goresgyn cefnen Messines, oedd yn ymestyn draw at ffrynt yr Almaenwyr ar gefnen Passchendaele. Yna, bu oedi cyn y cyrch nesaf, ac yn ystod yr wythnosau hynny bu bombardio trwm gan fyddin y Cynghreiriaid. Fel hyn yr esbonia'r colofnydd yn *Y Genedl* (7 Awst 1917), bwrpas y bombardio:

Amcan y tanio ofnadwy hwn oedd:

1. Dryllio amddiffynfeydd y gelyn modd y caffai'r gwyr traed pan yn ymosod le i ruthro.

2. Lladd cynifer ag oedd modd o'r gelyn cyn dechreu'r ymosod a difetha eu cyflegrau a nythau eu *machine-guns*.

3. Syfrdanu milwyr y gelyn a adawsid yn fyw ar ol y tanio, dryllio nyrvs, a'u dychrynu fel na fedrent wrthsefyll ymosodiad pan ddeuai.

Dyna'r bwriad o leiaf, ond erbyn y cyrch nesaf, sef Trydydd Cyrch Ypres, roedd y tywydd wedi newid, a'r glaw di-baid wedi troi'r tir yn un gors arswydus, yn dyllau dwfn lle bu'r bombardio, a'r tyllau a'r ffosydd wedi troi yn un chwalfa o ddŵr a llaid.

Roedd y bombardio blaenorol wedi dinistrio ffosydd draenio'r ardal, ac nid oedd unrhyw ffordd i'r dŵr glaw lifo oddi ar y tir. O ganlyniad, trodd y ddaear yn fôr o laid gludog, drewllyd, gyda chyrff dynion a cheffylau fel ei gilydd yn sownd yn y llaid ac yn pydru. Ailgychwynnwyd ar y bombardio ar 22 Gorffennaf, gyda thros 3,000 o ynnau yn saethu sieliau at y ffrynt, gyda'r bwriad o niweidio amddiffynfeydd yr Almaenwyr, yn barod i'r milwyr traed symud ymlaen.

Naw diwrnod yn ddiweddarach, am 3.50 ar fore'r 31ain o Orffennaf, cychwynnwyd cyrch y milwyr traed, gan symud ymlaen ar hyd 11 milltir o'r ffrynt. Eu nod oedd ymosod tuag at Pilkem er mwyn cyrraedd a chipio Passchendaele, ond yr oedd cefnen i'w chyrraedd i gyfeiriad Pilkem, ac yr oedd gan yr Almaenwyr fantais y tir uwch. Erbyn canol y bore roedd miwnisiwns yn isel, a'r dilyw wedi cyrraedd, ac erbyn diwedd y bore cyntaf erchyll hwnnw, ychydig o dir a enillwyd gyda cholled o 3,000 o filwyr.

Brwydr ddychrynllyd oedd hon ymhob ystyr: roedd symud ymlaen yn golygu ymdrech anferth, gan fod y tir mewn cyflwr mor wael. Wrth geisio cerdded trwy faes y gad, roedd y milwyr yn llithro a syrthio, gan fod y mwd a'r llaid gludog yn cydio yn eu coesau a'u sugno i'r llawr. Roedd y tanciau a'r meirch yn cael yr un drafferth, yn cael eu dal yn y llaid, ac wrth gwrs, gan fod y symud yn araf a llafurus, hawdd iawn oedd iddynt gael eu targedu gan ynnau a magnelau'r gelyn. Roedd y tywydd drwg hefyd yn ei gwneud bron yn amhosib iddynt ddirnad i ba gyfeiriad yr oeddynt yn symud. Anodd yw dychmygu'r dryswch a'r anobaith a wynebai'r milwyr. Roeddynt wedi eu harwain i fyd nad oedd prin obaith llwyddo ynddo, ac yno ynghanol anhrefn gwaedlyd y miloedd dynion, y ceffylau, y mwd, y glaw a'r peiriannau lladd, roedd y bardd o Drawsfynydd.

Yr oedd Simon Jones, Llanuwchllyn hefyd yn bresennol yn y frwydr honno, ac yn ei sgwrs gyda Robin Gwyndaf, mae'n crisialu digwyddiadau'r frwydr yn fyw. Bu ef yn y ffrynt am wythnos, gan ddod oddi yno y Sul canlynol. Dim ond deugain ohonynt ddychwelodd o'r gyflafan y dydd Sul hwnnw, a hynny o blith cant a hanner o filwyr. Cawsant eu harwain allan o'r ffrynt gan feddyg y difisiwn, gan nad oedd yr un o'r swyddogion wedi goroesi'r frwydr. Fel hyn mae'n disgrifio'r sefyllfa: 'O'dd y lle wedi gweddnewid mewn wsnos, 'dech chi'n gweld, ond y trwbwl oedd fethodd gynne mawr ni ddod i fyny ar 'yn hole ni. Mi ddoth yn law ddeg o'r gloch y bore a mi ath y lle'n *sludge*. Allse 'ne ddim ceffyl ddŵad.'

Nid oes sicrwydd beth yn union ddigwyddodd ynghanol y gyflafan hon, ar fore'r 31ain; wedi'r cyfan, nid oedd y Preifat Ellis Humphrey Evans yn ddim ond milwr cyffredin fel pob un arall yno. Nid oedd y ffaith ei fod yn fardd ac yn adnabyddus yn y cylchoedd barddol Cymreig yn golygu dim, dan yr amgylchiadau erchyll yma. Ni fyddai rheswm yn y byd i unrhyw un wneud sylw arbennig o'r digwyddiadau o amgylch cwymp Hedd Wyn; roedd

bywyd pawb mewn perygl, a milwyr yn disgyn ym mhob cyfeiriad. Ond y mae ambell stori ynghylch yr amgylchiadau wedi ei hadrodd. Dyma sydd gan Simon Jones i'w ddweud:

Ac oedden ni'n mynd drosodd hanner awr wedi pedwar. Oedden ni'n cychwyn dros Canal Bank yn Ypres ac mi lladdwyd o ar hanner Pilkem ... ac mi gweles o'n syrthio ac mi allaf ddweud mai *nosecap shell* yn 'i fol lladdodd o, wyddoch chi. O'ch chi'n medru gwbod hynny. O, allech chi ddim sefyll hefo fo, ma'n wir. O'dd raid i chi ddal i fynd, 'dê. A mi weles i o'n disgyn ar 'i linie ac yn cydio mewn dwy ddyrnad o faw, yndê. Wel, doedd yna ddim ond pridd, wyddoch chi. O'dd y lle wedi'i falu ymhob man. Marw roedd o wrth reswm.

Un arall oedd yn y frwydr gyda Hedd Wyn oedd gŵr o Benmorfa, sef Idwal Williams, ac mewn erthygl yn *Yr Herald Cymraeg*, 2 Hydref 1917, mae'n adrodd hanes oriau olaf Hedd Wyn fel hyn:

Ni bu'r bardd yn y ffosydd o gwbl hyd nes yr aeth trwyddynt i'r frwydr fawr ar doriad y wawr y dydd olaf o Orffennaf. Wedi brwydro caled ennillwyd y nod, ond ar hanner dydd tra'n [d]diogelu'r safleoedd newydd a'r gelyn yn parhau i dywallt eu hergydion yn gawodlyd, daeth darn o ffrwydbelen a tharawodd y bardd yn ei gefn gan ei archolli'n ddwfn. Syrthiodd yn ddiymadferth, ac oherwydd ffyrnigrwydd y brwydro nid oedd cynorthwy meddygol i'w gael i'w gario ymaith i ddiogelwch. Ond ceisiodd ei gymrodyr drin ei glwyfau, a lleddfu ei ddoluriau ynghanol yr holl beryglon. Ond tra'n gorwedd yn ei glwyfau ar faes y frwydr am dair awr, ni chlywyd na gruddfaniad nac ochenaid ganddo ... Ar dri o'r gloch daeth y cludwyr i'w nol, gan ei gario i lawr y ffosydd, ond cyn eu bod nepell o'r fan yr oedd y milw[y]r clwyfedig wedi anadlu ei anadl olaf, a'i frwydr drosodd.

Ni bu'r bardd yn y ffosydd o gwbl hyd nes yr aeth trwyddynt i'r frwydr fawr ar doriad y wawr y dydd olaf o Orffennaf. Wedi brwydro caled ennillwyd y nod, ond ar hanner dydd tra'n ddiogelu'r safleoedd newydd a'r gelyn yn parhau i dywallt eu hergydion yn gawodlyd, daeth darn o ffrwydbelen a tharawodd y bardd yn ei gefn gan ei archolli'n ddwfn. Syrthiodd yn ddiymadferth, ac oherwydd ffyrnigrwydd y brwydro nid oedd cynorthwy meddygol i'w gael i'w gario ymaith i ddiogelwch. Ond ceisiodd ei gymrodyr drin ei glwyfau, a lleddfu ei ddoluriau ynghanol yr holl beryglon. Ond tra'n gorwedd yn ei glwyfau ar faes y frwydr am dair awr, ni chlywyd na gruddfaniad nac ochenaid ganddo o hanner dydd hyd dri o'r gloch yn y prydnawn—yr un oriau ag y bu Arwr yr Arwyr yn glwyfedig ar faes Brwydr y Brwydrau. Ar dri o'r gloch daeth y cludwyr i'w nol, gan ei gario i lawr y ffosydd, ond cyn eu bod nepell o'r fan yr oedd y milwyr clwyfedig wedi anadlu ei anadl olaf, a'i frwydr drosodd.

Goresgynnwyd Cefn Pilkem, ond ynghanol y gyflafan honno fe gollwyd Hedd Wyn, a miloedd o'i gyd-filwyr. O'i amgylch nid oedd dim ond dinistr llwyr, yn gyrff marw a chlwyfedig, yn llaid a llysnafedd.

PENNOD 8:
'YR HYN A OFNEM A DDAETH'

Yn ôl yng Nghymru, roedd pryder mawr am y milwyr yn wyneb y diffyg gwybodaeth benodol ynghylch eu lleoliad a'u symudiadau. Heddiw, a ninnau'n gallu dod i wybod am ddigwyddiadau ar gyfandiroedd pell, bron fel maent yn digwydd, anodd yw amgyffred yr anwybodaeth a'r ffaith fod pethau eithriadol yn digwydd i'r milwyr yn ddiarwybod i'w teuluoedd. Nid oes sicrwydd ychwaith faint a wyddai'r teuluoedd am union leoliad eu ceraint cyn y brwydro. Byddai colofnau ym mhapurau newydd y dydd yn dwyn y teitl 'Y Rhyfel' neu 'Cwrs y Rhyfel' yn rhoi gwybod i'r cyhoedd am symudiadau cyffredinol byddinoedd y Cynghreiriaid, ond nid oedd gwybodaeth fanwl am eu bwriadau ar gael hyd nes roedd y brwydro wedi bod. Dyma a adroddir yn *Y Rhedegydd* ar 11 Awst 1917:

> ❛ **Brwydr Fawr Fflanders**
>
> Dyma'r ymosodiad mawr o'r eiddom yn y Gorllewin y bu cymaint darogan am dano ers wythnosau. Gwyddai llawer fod ymosodiad o'r fath yn yr arfaeth gan yr awdurdodau milwrol … Yr unig beth anhysbys oedd y lle a'r adeg y tarawid yr ergyd mawr. ❜

Erbyn dechrau Awst 1917, roedd adroddiadau yn dechrau cyrraedd y papurau newydd Cymreig am y frwydr gyntaf Trydydd Cyrch Ypres. Fel hyn y mae papur newydd *Y Genedl* (7 Awst) yn sôn am y frwydr a gychwynnodd ar ddydd Mawrth, 31 Gorffennaf. Go brin y byddai teitl fel yr isod yn tawelu dim ar ofnau teuluoedd a wyddai fod eu bechgyn yn y cyffiniau:

Brwydr Fwyaf yr Oesoedd

Er nad oes, pan ysgrifennir hyn, ond deuddydd o ymladd wedi pasio, cydnebir ymron gan bawb i edrych ar y frwydr sydd yn awr yn cael ei hymladd o amgylch Ypres, fel y frwydr fwyaf yn hanes holl ryfeloedd y byd erioed; y fwyaf ar bob cyfrif, mewn nifer y milwyr o bob tu, mewn grym a lluosogrwydd y peiriannau rhyfel o bob math, mewn penderfynolrwydd ac ystyfnigrwydd y brwydro, mewn helaethder y mor o waed dynol a dywelltir ac mewn pwysigrwydd canlyniadau uniongyrchol a dyfodol y frwydr ...

Adnabyddir y frwydr fawr hon fel Trydedd Frwydr Ypres ... I'r Cymry y rhoddwyd y gorchwyl caletaf, ennill ucheldir a phentref Pilkem a phentref St Julien tua dwy filltir oddiyno. Gwrthwynebid hwynt gan filwyr goreu Germani ... Ystyrid y rhai hyn yn anorchfygol ac anorchfygadwy. Gorchfygwyd hwynt gan filwyr Cymru ...

Ac ymhellach, yn y rhifyn nesaf o'r un papur (14 Awst 1917), mae'r gohebydd yn pwysleisio mai gwrhydri bechgyn y lluoedd Cymreig a'r Ffiwsilwyr Cymreig oedd yn gyfrifol am orchfygu'r gelyn. Yn sicr, gyda Hedd Wyn yn rhan o'r gatrawd Gymreig, byddai teulu'r Ysgwrn yn hollol ymwybodol fod siawns uchel iawn ei fod yn rhan o'r brwydro. Doedd dim i'w wneud ond aros am air ganddo, neu gan rywun arall a ddigwyddai fod yn yr un frwydr ag ef.

Dyddiau eithriadol o boenus oedd y dyddiau dilynol i deulu'r Ysgwrn, fel i filoedd o deuluoedd cyffelyb. Mae'n anodd dychmygu'r fath bryder, gyda sawl ton o obaith yn cael ei dilyn gan don fwy o anobaith llwyr. Ni ddaeth llythyr i'w gartref, ac ystyrid tawelwch o'r fath yn newyddion da. Wrth gwrs, gallasai fod yn glaf mewn ysbyty maes, ac felly yn methu ag ysgrifennu. Ynghanol y dyfalu a'r pryderu daeth un diferyn o obaith pan dderbyniodd Jini Owen, cariad Hedd Wyn, lythyr ganddo, gyda cherdd i'w chyfarch ar ddydd ei phen-blwydd. Roedd Jini yn saith ar hugain oed ym mis Awst, a rhywbryd yn ystod y cyfnod hwn y derbyniodd y llythyr.

I Jennie, ar ei phen-blwydd
yn 27 oed, Awst 1917

Gwyn fo'ch byd, 'rhen Jennie dirion;
Yn eich cartref tan y coed,
Lle mae'r blodeu yn felynion,
Chwithau'n saith ar hugain oed.

Os bu'r byd o'r braidd yn greulon
Yn ei droion atom ni,
Blwyddyn wen, 'rhen Jennie dirion,
Fo eich blwyddyn nesaf chwi.

Gwn fod bywyd yn heneiddio
Ac yn mynd yn hŷn,
Ond mae'm serch fel haf diwywo
Atoch chwi yn dal yr un.

A phan êl y rhyfel heibio
Gyda'i gofid maith a'i chri,
Tua'r Ceunant Sych dof eto
Ar fy hynt i'ch ceisio chwi.

A phan ddof o wlad y gelyn
Fel pererin yn llawn gwres,
Hwyrach digiwch os gwnaf ofyn –
'Wnewch chwi roddi cam yn nes?'

Wedi'r oll, 'rhen Jennie dirion,
Boed eich bywyd oll yn llwydd,
A llif cariad pura' 'nghalon
Atoch ar eich dydd pen-blwydd.

Wrth gwrs, ni wyddai Jini Owen pan dderbyniodd y dymuniadau pen-blwydd fod ei chariad eisoes wedi ei ladd, ac na fyddai'n medru cadw'i air, a'i chyfarfod eto wrth y Ceunant Sych.

Yn araf, lledaenodd sibrydion yn Nhrawsfynydd am gwymp Hedd Wyn trwy gyfrwng llythyrau gan filwyr eraill, a fu o bosib yn y ffosydd gydag ef. Does dim dwywaith y byddai sibrydion o'r fath wedi dod o fewn clyw y teulu.

Y mae rhai o'r tensiynau hyn oedd yn rhan o'r aros, y sibrydion oedd yn ennyn ofn a phryder, y gobaith a'r gweddïo, i'w teimlo'n fyw iawn ym mhapur newydd lleol yr ardal, sef *Y Rhedegydd*. Dyma a ddywedir yn rhan o golofn newyddion Trawsfynydd yn rhifyn 18 Awst 1917:

> Dyddiau Blin – Dyna ydyw hanes y dyddiau hyn yn yr ardal hon
> fel pob un arall, pawb megis a'i anadl yn ei ddwrn, yn ofni cael
> newydd drwg o faes y rhyfel, am ei bod yn wybyddus fod amryw o'n
> bechgyn anwyl yn yr ymlad ffyrnig sy'n mynd ymlaen yn Ffrainc.
> Gobeithiwn y goreu, ac os digwydd i'r wermod ddod i'n cwpan,
> gweddiwn am i Dduw roddi nerth yn y dyddiau blin i'w dal.

Mae'n bur debyg fod y teulu wedi derbyn, erbyn canol Awst, fod Hedd Wyn wedi ei golli, oherwydd mor gynnar â rhifyn 22 Awst 1917 o'r *Cymro* y mae ei farwolaeth yn cael ei nodi fel ffaith, yn y golofn 'Nodion o Lerpwl':

> Drwg gennym weled fod y bardd disglair Hedd Wyn, sef mab
> Mr a Mrs Evans, Isgwm, Trawsfynydd, wedi cwympo yn y rhyfel.
> Daethom i gyffyrddiad ag ef pan yn aros yng ngwersyll Litherland,
> a chymerai ran yn aml yng nghyngherddau Bank Hall. Gwr ieuanc
> a gobeithion disglair o'i flaen wedi ei dorri i lawr ym mlodau ei
> ddyddiau, ac yn peri ini ofyn, pa hyd Arglwydd?

Mae'n bosib mai dilyn si wnaeth y colofnydd hwn, gan nad yw popeth yn y cofnod yn gywir, ond eto mae'n bur debyg fod tystiolaeth eithaf dibynadwy wedi ei gyrraedd cyn y byddai'n mentro rhoi cofnod o'r fath mewn print. Ni ddaeth neges swyddogol am dair wythnos wedi ei farwolaeth, ond ar ddydd

GV RI

H E whom this scroll commemorates
was numbered among those who,
at the call of King and Country, left all
that was dear to them, endured hardness,
faced danger, and finally passed out of
the sight of men by the path of duty
and self-sacrifice, giving up their own
lives that others might live in freedom.
Let those who come after see to it
that his name be not forgotten.

Pte. Ellis Evans
Royal Welch Fusiliers

Gwener 24 Awst, daeth cadarnhad o ofnau gwaethaf y teulu a'r gymdogaeth, ar ffurf llythyr swyddogol at deulu'r Ysgwrn, fod Ellis Humphrey Evans wedi ei ladd.

Yn *Y Rhedegydd*, 1 Medi 1917, ceir sawl cyfeiriad at y newyddion trist, ond y disgrifiad gan y colofnydd hwn sy'n cyfleu orau y pryder a'r disgwyl ofnadwy a fu am newyddion:

Ein Milwyr

Cyndyn fuom i gredu y newydd trist am ein cyfaill ieuanc athrylithgar Hedd Wyn. Gobeithiem yn erbyn gobaith hyd oni bu raid derbyn y gwir gofidus. Fel y gwelir yn nodion gohebydd Trawsfynydd cwympodd mewn ymgyrch ffyrnig yn Ffrainc, efe a chyfaill iddo ynghyd. Mae llawer bywyd gwerthfawr wedi ei golli yn y gyflafan arswydus hon, ond dim un mwy gwerthfawr nag eiddo Hedd Wyn.

' Trawsfynydd

Newydd Drwg – Wythnos brudd ynghanol llawenydd croesawu adref ydyw yr wythnos hon. Wedi'r cwbl dyma'r ergyd drymaf eto a dderbyniodd ardal dawel y Traws er dechreu y rhyfel ... Yr hyn a ofnem a ddaeth. Yr oedd si ar led er's tro bellach fod ein cyfaill Hedd Wynn wedi cwympo, ond dydd Gwener fel y nodwyd y daeth y newydd yn swyddogol, ac er ein bod yn ofni y gwaethaf etto i gyd pan ddaeth y newydd trist yr oedd ardal gyfan mewn galar, os nad yn wir Cymru gyfan. Yr oedd enw Hedd Wynn yn enw teuluaidd. Nis gwyddom am yr un bachgen ieuanc tu fewn i'r ardal ag oedd yn fwy hoffus na'r anwyl Hedd Wynn, fel nad ydyw yn rhyfedd fod teimlad a galar cyffredinol ar ei ol. Nid oes angen myned i mewn i ddadlenu cyfrinion meddyliol Hedd Wynn. Nid oedd ond un Hedd Wynn. '

Y Rhedegydd, 1 Medi 1917

PENNOD 9:
'A'TH FRO YN COFIO'R CYFAN ...'

Wrth ddarllen y teyrngedau ym mhapurau'r cyfnod, ynghyd â'r llythyrau o gydymdeimlad a dderbyniodd teulu'r Ysgwrn yn dilyn ei farw, daw'n amlwg bod gan Hedd Wyn le arbennig iawn yng nghalonnau trigolion yr ardal, a hynny cyn i'w gamp yn cipio cadair Birkenhead ddod yn hysbys. Atgyfnerthwyd y teimladau cryf o alar a cholled ymysg ei gydnabod agos ymhellach gyda'r newyddion mai ef oedd y bardd buddugol yn Eisteddfod Genedlaethol 1917, a daeth yn symbol o'r addewid hwnnw a gollwyd gyda marwolaeth pob milwr a gwympodd yn y Rhyfel Byd Cyntaf.

Cyfeirir dro ar ôl tro at bersonoliaeth arbennig Hedd Wyn, ei ddiniweidrwydd annwyl a'i natur ddiymhongar a direidus yn dyst i'r modd yr oedd pobl yn cymryd ato, fel cyfaill a chydnabod. Crynhoir yr agosatrwydd hwn yn y gyfres o englynion a gyfansoddwyd iddo gan Eifion Wyn ac a ymddangosodd yn *Y Rhedegydd*:

> O dangnef dy dref, i'r drin – y'th yrrwyd,
>   O'th erwau cynefin –
>   Yr hen odre anhydrin,
>   A'r tir hoff a gerit drin.

> Aed â thi, ar dw'th awen, – i dwrf gwyllt
>   Eirf y gad anorffen;
>   A rhad hen gartre'r Eden,
>   A rhad y beirdd ar dy ben.

Aed â thi drwy waed a thân – i farwol
        Ferw y gyflafan;
    A'th fro yn cofio'r cyfan –
    Hud dy gelf, a nwyd dy gân.

Erom, bu drwm y taro – a'r hirnych
        Yn yr ornest honno;
    A'th wyneb dithau yno,
    A'th ddewr waed ar y poeth ro!

Heddiw prudd yw y preiddiau – a'r hendy
        Ar randir dy dadau;
    Âi'r trallod, fel cysgod cau
    Creulonedd, trwy'r corlannau.

A siom einioes mwy inni – ydyw fod
        Dy fin wedi oeri;
    A'th awen wedi'i thewi
    Ym mraw brwydr, ym more'i bri.

Hun o'r twrf, dan ddefni'r tân, – wedi drud
        Glod y drom gyflafan;
    Mae dy fro'n cofio'r cyfan –
    Rhedli'th gur a diliau'th gân.

Teyrnged gan fardd adnabyddus a ffigwr cyhoeddus yw'r geiriau hyn wrth reswm, geiriau i goffáu bardd oedd yn prysur wneud enw iddo'i hun. Yn yr un modd, y mae llythyr cydymdeimlad Bob Owen, Croesor, sydd bellach yn rhan o gasgliad yr Ysgwrn, yn cyfleu galar a cholled y genedl gyfan, yn ogystal â galar personol. Meddai:

> Ni raid i mi ddweyd fy mod yn cydymdeimlo yn ddwys a chwi yn eich profedigaeth lem, oblegid mae gwlad gyfan yn galaru ar ol un mor athrylithgar. Braint i chwi ydoedd cael rhoddi magwraeth i un o'i fath.

> Yn rhyfedd iawn!! Wythnos cyn i mi dderbyn y newydd o'i gwymp dywedais wrth gyfaill i mi mewn geiriau tebyg i hyn – 'Gobeithio na ddigwyddith dim i Hedd Wyn, ac y caiff ei arbed. Gwell fuasai genyf pe cawsai ei glwyfo, hwyrach y gallasai farddoni wedi hyny.'

Lleithiodd fy llygaid pan dderbyniais y newydd, a methwn yn lan a chredu y si ddaeth i'r wlad am ei gwymp. Yr wyf o hyd fel pe yn disgwyl clywed ei fod yn fyw. Pa beth wyf yn siarad. Y mae Hedd Wyn yn fyw!! A phery i fyw am byth yn ei weithiau godidog.

Ond wrth gwrs, yr oedd Ellis Humphrey Evans yn fwy na bardd. Fel pob unigolyn arall a laddwyd yn y rhyfel, yr oedd yn gadael teulu, ceraint, cyfeillion a chydnabod fyrdd ar ei ôl, ac yng ngeiriau y rheiny y mae'r golled chwerw, y galar, y tristwch, yr anobaith ac weithiau'r dicter, yn brigo i'r wyneb.

Bron i ganrif wedi'r golled, mae Malo Bampton yn dal i gofio geiriau ei nain, Mary Evans. Pan haerodd cydnabod i Mary Evans y dylai'r bechgyn i gyd fod wedi ymuno yn y brwydro, ei hymateb oedd: 'Beth ydach chi'n meddwl ydyn nhw, twmpath o ddrain i'w rhoi mewn bwlch?' Ai teimlad y teulu, felly, oedd bod marwolaeth Ellis wedi bod yn gwbl ddiystyr, ac nad oedd pwrpas o gwbl iddo fod wedi rhoi ei fywyd i achos nad oedd yn cyffwrdd dim â bywydau cyffredin cefn gwlad Cymru? Parhau i glodfori achos y rhyfel i'r entrychion wnai papurau newydd yr oes, gan ddyrchafu marwolaeth mewn brwydr fel marwolaeth 'arwrol', a pharhau hefyd i haeru fod marwolaeth dros achos gwlad a brenin yn farwolaeth 'ogoneddus'.

Ynghanol holl jingoistiaeth a phropaganda'r wasg, doedd y lleisiau hynny oedd yn herio'r sefydliad ddim i'w clywed yn aml. Mae rhywun, serch hyn, yn ymwybodol o ambell lais oedd yn fynegiant o feddylfryd cwbl wahanol. Mae'r llythyr hwn, er enghraifft, o gasgliad yr Ysgwrn, gan ŵr o'r enw J. H. Williams, yn mynd beth o'r ffordd i ddarlunio ambell deimlad pur gryf ynglŷn â gweithgareddau'r llywodraethau a ganiataodd i'r fath gyflafan ddigwydd:

> ... Pe gwyddwn mai Gorseddau a Seneddau'r byd yw'r achos o'r rhyfel, pan ddaeth gair o'r Ganllwyd ataf ei fod wedi ei ladd, yr oeddwn yn teimlo y buaswn yn *gallu* chwythu pob gorsedd a Senedd yn y byd yn yfflon, pe yn gallu.

Llythyrau o gydymdeimlad a geir yng nghasgliad yr Ysgwrn yn bennaf; mae yma lythyrau gan weinidogion a beirdd, ysgolheigion a gwŷr dysgedig. Mae yma lythyrau hefyd gan bobl yr ardal, sy'n darlunio colled bersonol y teulu, a hynny mewn ffordd syml a didwyll. Ni cheir gwell mynegiant o'r galar yma nag yn y llythyr canlynol gan berthynas agos i'r teulu o Aberdyfi, a hynny yn iaith lafar sir Feirionnydd:

Annwyl Fodryb a dewyrth ar plant i gid

Mae fy nghydymdeimlad i mor fawr yn fy nghalon na fedrai byth moi ddweud mewn gair nac mewn gweithred tra byddai byw, mi ydwi wedi bod yn meddwl gyru bob dydd, ond mir oni ac Evan yn meddwl dwad yna i edrach am danoch chi i gid ... Wel mae yn ddrwg iawn geni na chai byth weld Ellis anwyl rhagor machgian anwyl i hefyd, [doeddwn i] fawr feddwl mae yr amsar gwelais [i o] ar y llan y gwelwn i [o] ddwytha, bitti gen i na fasa fo wedi aros gartra y diwrnod dos i ei weld o ynte, a mae yr hen ryfal fawr yma yn felltith chweilia byth ar y ddauar, lladd hogia anwyl ein gwlad ni, wel mae Ellis bach wedi gwneud enw da iddo ei hun cin mynd o'r hen fyd ... bitti na fasa fy machgian bach i wedi cael byw i gael gwybod ei fod o yn ben ar y Beirdd yn yr Eisteddfod eleni eto ... Mi rydw i yn meddwl am dano fo trwy'r dyddia ers pan gesi air oddi wrth Mary [ei] chwaer, wel mae Evan wedi tori llun allan o'r Daily Sketch i mi gael ei weld o, ac mi oni yn falch ohono hefyd, mi ddoth riw grio sobor atai pan welais ei lun bach anwyl, mi cadwaf fo tra byddai byw ... Wel dodo bach a dewyrth triwch godi eich calona bellach does dim yw wneud ond trio, mae yn wir. Mi fasa yn rhyfadd iawn gen taid druan sydd wedi siglo ei gryd, ei fod wedi i gael i ddiwadd a'i gladdu yn nhir ffraingc, meth bach anwyl i hefyd.

A dyna hwn eto, gan ffrind o Drawsfynydd, sy'n tystio i gymeriad arbennig Hedd Wyn, ei ddyngarwch, a'i diriondeb, a oedd, mae'n amlwg, wedi codi ei enw i dir uchel ar aelwydydd y rhai oedd yn ei adnabod yn dda:

Fy annwyl gyfeillion,

Wel a daeth yr hyn a ofnsom a mynd a'r ffrind tawelaf, gonestaf puraf i ffwrdd. Mrs Evans Annwyl fe geisiaf weddio ichwi gael nerth – fedraf wneud dim arall. Byddai 'Hedd' annwyl yn cashau y syniad i'w fam dorri ei chalon. 'Brysiwch acw i edrych am mam' oedd ei eiriau mynych ... Y mae y gorchwyl yma o ysgrifennu ychydig yn fy llethu felly terfynaf yn fyr gyda chofion cu a theimlad dwys,
 Eich cywir ffrind, Katie Morris.

Min y ffordd,
Tanygrisiau,
B. Ffestiniog.

Annwyl deulu,

Drwg gan fy nghalon oedd clywed am eich bachgen athrylithgar, sef Hedd Wyn fy nghyfaill calon wedi cwympo yn y rhyferthwy mawr.

Byddwn yn cael ei gwmni difyr bron bob Nos Sadwrn pan fyddai yn dod i'r Blaenau, a thrist wyf wrth feddwl na welaf ei wedd siriol na'i lais caredig byth mwy.

Y peth diweddaf wnaeth cyn ymadael a mi Nos Sadwrn olaf cyn myned i ffwrdd, oedd rhoddi cusan ar rudd fy hogyn bach i, a ceiniog yn ei boced.

Bydd genyf barch calon i'w goffadwriaeth am byth "Flod'yn Meirionydd mor bur oedd dy sawr."

Ni welais y fath don o alar drwy y fro yma erioed, na phan ddaeth y newydd trist am dano. Prudd oedd i addewid mor addawol mo gael ei dori mor gynar.

Ni fedraf ddim dweyd llawer wrthych, ond yr wyf yn cyd-ymdeimlo a chwi o galon, ac yn gobeithio y cewch nerth i ddal ynghanol y brofedigaeth ddofn.

Derbyniwch fy nghydymdeimlad lluyaf.
Yr eiddoch
I. W. Jones

Yn y casgliad hefyd ceir llythyrau gan gyfeillion sy'n dwyn i gof eiriau olaf y bardd wrth iddo ffarwelio â hwy cyn troi am Litherland, ac ambell atgof bychan am drafodaethau ar farddoniaeth a digwyddiadau arferol cymdeithas Gymraeg ardal Meirionnydd. All rhywun ond dyfalu pa mor ymwybodol yr oedd Hedd Wyn o'r peryglon fyddai'n ei wynebu wrth iddo ddychwelyd at ei ddyletswyddau milwrol.

Ond o'r holl lythyrau torcalonnus yn y casgliad efallai mai'r llythyr canlynol o eiddo Jennie, cariad Hedd Wyn, sy'n datgan y diymadferthedd a deimlwyd gryfaf. Rhaid cofio mai Jennie – neu Jini – oedd yr un olaf i glywed ganddo, gan iddi dderbyn penillion i'w chyfarch ar ei phen-blwydd. Ond cyn diwedd y mis Awst hwnnw, yr oedd ei breuddwydion hithau am ddyfodol hapus gydag un o fechgyn ifanc mwyaf poblogaidd yr ardal wedi eu chwalu. Ni wyddom i sicrwydd pryd yn union yr ysgrifennodd y llythyr canlynol at Mary, chwaer Hedd Wyn, ond o gofio i deulu'r Ysgwrn ddod i wybod am ei farwolaeth yn swyddogol ar ddydd Gwener, 24 Awst, mae'n rhesymol tybio mai ar y dydd Gwener canlynol, 31 Awst, yr anfonodd hithau'r llythyr hwn:

Llifodd ton arall o lythyrau i gartre'r Ysgwrn yn llongyfarch Hedd Wyn ar ei gamp, a rhai eraill yn sôn am y seremoni ryfeddol yn Birkenhead. Ysgrifennodd J. Dyfnallt Owen, cyn-weinidog Hedd Wyn, ac un fu'n ddylanwad arno fel bardd, at Evan a Mary Evans i gydymdeimlo ar 26 Awst 1917, ond wedi deall am gamp Hedd Wyn, mae llythyr arall yn cyrraedd yr Ysgwrn ar 11 Medi:

... Gwn mai caled enbyd yw hi arnoch i ddal y llawenydd yn y galar, ond y mae caredigion llen ac awen Cymru yn falch iawn fod yr anrhydedd wedi dod i'w enw ... os yr af allan cyn bo hir eto, mi geisiaf ddod o hyd i'r man lle y mae'n gorwedd yn naear Fflandrys.

Anodd yw dirnad y gymysgedd o deimladau a brofwyd ar aelwyd yr Ysgwrn yn y cyfnod hwn: yn ogystal â'r galar, yr oedd yna wrth gwrs falchder anhygoel o wybod bod Ellis, ac yntau'n fab fferm di-ddysg, wedi cyflawni camp bur anghyffredin wrth sicrhau llwyddiant ym mhrif gystadleuaeth lenyddol yr Eisteddfod Genedlaethol.

Yn gymysg â'r geiriau o gydymdeimlad, cawn hefyd gipolwg mewn ambell lythyr ar adwaith y dorf yn ystod y seremoni yn Birkenhead, gan gofio fod sawl un yn y gynulleidfa wedi profi yr un math o golled eu hunain:

> Yr wyf yn ysgrifennu gair atoch i drio cydymdeimlo a chwi yn eich galar mawr o golli eich anwyl blentyn hynaf ar faes y rhyfel yn Ffrainc. Wel anwyl deulu mae'n anodd iawn gwybod beth iw ddweud ond rwyf yn gwybod beth ydi o erbyn hyn ... (Golygfa brudd oedd gweld Plant y Traws yn tywallt dagrau yn yr Eisteddfod wrth weld y gadair hardd ond heb Hedd Wyn). Mae yma amryw o honom yma yn dyrfa fawr yn canu (Bydd myrdd o ryfeddodau) er cof amdano ac yn ei hail ganu nes oeddynt yn clywed am filltiroedd hefo y gwynt or babell fawr.
>
> (Llythyr Maggie Morris, casgliad yr Ysgwrn)

Yr oedd y seremoni wedi creu argraff ddofn ar y gynulleidfa ac yn fuan iawn yr oedd adroddiadau yn cyrraedd yr Ysgwrn am y digwyddiadau yno, gyda sawl llythyrwr yn eu hannog i geisio cael gafael ar yr anerchiadau a gafodd eu datgan yn y babell fawr. Meddai J. H. Williams: 'Hyderaf y cewch yr anerchiadau a draddodwyd wrth y gadair ddu, gan Dyfed, Silyn, Elfed, yr oeddynt yn odidog dros ben' (casgliad yr Ysgwrn).

Hut 80. D Coy.
3/R. W.F
Litherland
Liverpool
7th Sept 1917

Dear Miss Evans,
You have heard by now no doubt of the success of your late brother
in the chair competition at the Birkenhead National Eisteddfod, and
I am taking this opportunity of tendering to you as a family my sincere
congratulations. I was present there to represent him but under the
circumstances, no chairing took place. The chair was 'Y Gadair Ddu',
draped over in loving memory of your dear brother who has made
the supreme sacrifice. The scene was most touching and impressive,
and the incident will go down in the history of Wales as being the most
remarkable on record.

To give you a detailed description of it is beyond my power. Respecting
the 'Awdl' the highest praise was given to it by the adjudicators and they
were unanimous in their decision in declaring it the best of the eleven
sent in. I felt confident all along that it would be the successful one, and
I intended writing to you before now as to my opinion of it 'Tu hwnt i bob
amgyffred'. The adjudicators themselves had to confess that they failed
to understand it as they should like ...

I now want to ask you a favour. I am very anxious to have one of his
photographs, to keep as a treasure, and fond remembrance of your
brother. If you have only one of him, I should be glad to borrow it for a
short time so as to get a copy from it. I am also proud to tell you that
Lord Mostyn who was President on the morning of the eisteddfod,
and is Honorary Colonel in the Royal Welsh Fusiliers, is also keen
on possessing one.

I remain
Yours sincerely,
J. Thomas (45168)

Daeth llythyr hefyd i'r Ysgwrn yn dilyn y seremoni gan gyfaill Hedd Wyn yn Litherland, J. B. Thomas. Ef fu'n copïo'r awdl a'i pharatoi ar gyfer y gystadleuaeth, ac ef hefyd wrth gwrs wnaeth sicrhau fod modd i Hedd Wyn orffen ei awdl, trwy roi ei enw ymlaen fel un fyddai'n gymwys i ymgymryd â gwaith aredig ar y fferm, gan ganiatáu i Hedd Wyn gael ysbaid gartref. Mae'n llythyr sy'n amlygu'r cyfeillgarwch rhyngddynt, gan fod J. B. Thomas wedi mynd i'r seremoni gyda'r bwriad o gynrychioli ei gyfaill a gollwyd, ond ni chafodd y fraint o wneud hynny, er mawr siom iddo. Fel y gwelir o'r dudalen gyferbyn, llythyr at un o chwiorydd Hedd Wyn, at Mary neu Maggie, mae'n debyg, sydd yma, ac wedi ei ysgrifennu y diwrnod wedi seremoni'r cadeirio. Difyr yw'r cyfeiriad at y ffaith yr hoffai lun o Hedd Wyn. Ymysg nifer o'r llythyrau mae ceisiadau tebyg a cheisiadau am gopïau o'i waith, gyda rhai llythyrwyr yn annog y teulu i fynd ati rhag blaen i gasglu ei waith a'i gyhoeddi.

Yr oedd seremoni'r Gadair Ddu yn siŵr o fod wedi gadael argraff bellgyrhaeddol ar Gymry'r cyfnod. A'r wlad i gyd yn dioddef o dan gysgod colledion y Rhyfel Mawr, prin fod yr un teulu wedi dianc rhag rhyw ganlyniad neu'i gilydd i'r brwydro. Bu'r rhyfel yn flaenllaw ym meddyliau pawb ers dros dair blynedd, a doedd dim sôn am ddiwedd iddo hyd yma. Yr oedd yr eisteddfod wedi ei chwtogi i ddeuddydd yn unig oherwydd y rhyfel, ac ar y dydd Mercher roedd seremoni'r coroni i ddigwydd. Er i Wil Ifan gael ei ddyfarnu'n deilwng, nid oedd ef yno i dderbyn ei goron. Yr oedd hen edrych ymlaen, felly, at seremoni arall ar y diwrnod canlynol, ac fel heddiw, roedd y gynulleidfa i gyd yno'n disgwyl yn eiddgar i gael gweld y bardd buddugol.

Eisteddfod Genedlaethol Birkenhead.

Dyma yr Eisteddfod hir ddisgwyliedig yn awr ymysg y pethau a fu, ac efallai na welwyd mwy o frwdfrydedd ymysg Cymry Glannau y Mersey, gydag unrhyw symudiad cenedlaethol, ac sydd wedi bod gyda'r Eisteddfod eleni. Cafwyd tywydd dymunol, a bu hynny er mantais arbennig ei gwahanol gynulliadau. Gan na chaniata gofod i ni fyned i lawer o fanylion, fe gyfyngwn ein hunain i rai o'r prif ddigwyddiadau. Dechreuwyd yr wyl nos Sadwrn, Medi 1af, trwy gyfres o gyfarfodydd cyhoeddus, ac yr ydym i raddau helaeth yn ddyledus i Mr. E. T. John, A.S., am danynt, pryd y cynhaliwyd pump o gyfarfodydd cyhoeddus y ddau tu i'r afon, er nad oedd y cynulliadau hyn mor boblogaidd ac y gallesid disgwyl iddynt fod. Cynhaliwyd y cyntaf yn Neuadd Eglwys Gymraeg St. David. Cymerwyd y gadair gan y Parch. W. O. Jones, B.A., ac anerchwyd y cyfarfod gan Dr. Hartwell Jones, a'r testyn a gymerwyd gan Dr. Jones ydoedd, "Crefydd a Chenedlaetholdeb." Disgwylid hefyd y Marchog Henry Jones, Glasgow, ac yn ei absenoldeb, cafwyd ychydig sylwadau gan y Parch. O. L. Roberts. Yr ail gyfarfod yn Princess Road, Parch. D. Adams, B.A., yn y gadair, ac anerchwyd y cyfarfod gan Proff. J. E. Lloyd, M.A., ac E. G. Jones, A.S. Baich yr anerchiadau hyn ydoedd Arwyr Cymru. Y trydydd cyfarfod yn Martin's Lane, Liscard, Parch. Tecwyn Evans yn y gadair, pryd yr anerchwyd y cyfarfod gan Mr. David Thomas, Talysarn, ar hanes Gwerin Cymru yn y bedwaredd ganrif ar bymtheg, a chan Syr Owen Thomas ar ei brofiad yn y fyddin am dros ddeugain mlynedd. Pedwerydd cyfarfod yn Parkfield, Birkenhead, pryd y disgwylid W. Llywellyn Williams, K.C., A.S., a Mr. L. J. Roberts, M.A., Abertawe, ond methodd y ddau a dod, y diweddaf, os y'm yn deall yn iawn, oherwydd afiechyd, a bu raid i'r Parch. D. D. Williams, yr hwn oedd i gymryd y gadair, ddraddodi ei ddarlith ragorol ar Benillion Telyn Cymru, a chafwyd gwledd o'r fath oreu. Cymerwyd y gadair o dan yr amgylchiadau gan Dr. Moelwyn Hughes. Yr ydym yr wythnos ddiweddaf wedi cyfeirio at y pumed cyfarfod, yr hwn a gynhaliwyd yn Stanley Road.

Cynhaliwyd seremoni'r cadeirio ar brynhawn dydd Iau, 6 Medi 1917. Cynigiwyd y gadair am destun a oedd yn hynod amserol ac felly yr oedd pob argoel y byddai teilyngdod yng ngolwg y beirniaid, Dyfed, T. Gwynn Jones a J. J. Williams. Arweiniwyd y seremoni gan Llew Tegid, gyda neb llai na'r Prif Weinidog ei hun, Lloyd George, yn bresennol, ynghyd â nifer o bwysigion y dydd – yn eu plith y Cadfridog Syr Owen Thomas a fu'n gyfrifol am recriwtio niferoedd mawr o Gymry i'r rhyfel.

Yn y seremoni, hefyd, yr oedd dau ŵr dylanwadol arall fu'n rhan o'r peiriant propaganda didostur a berswadiodd cynifer o ddynion ifanc Cymru i ymrestru, sef yr Athro John Morris-Jones a'r Parch. John Williams, Brynsiencyn, y ddau, yn ôl yr hanes, yn ymddangos fel petaent o dan deimlad mawr. Ond does dim dianc rhag y ffaith mai'r ddeuddyn hyn fu'n bennaf gyfrifol bod cymaint o ŵyn ar gael i'r lladdfa.

Lloyd George yn annerch y dorf

Yno i roi anerchiad agoriadol yr oedd David Lloyd George, anerchiad yn dwyn y teitl 'Y Cenhedloedd Bychain', a chyda'r babell yn llawn i'r ymylon, roedd y gynulleidfa i gyd yn disgwyl yn awchus am brynhawn llawn drama, er nad oedd posib i'r mwyafrif helaeth ohonynt fod wedi rhagweld pa fath o ddrama drasig fyddai'n cael ei chwarae o'u blaenau. Yr oedd y Prif Weinidog, hefyd, wedi datgan ei fod yn falch o gael dod i'r Eisteddfod am ychydig o 'seibiant' rhag yr ymdrechion rhyfel oedd yn ei amgylchynu. Ychydig a wyddai, cyn dod i'r Eisteddfod, mai ymdrechion y rhyfel, ac yn arbennig ymdrech ryfel un gŵr ifanc yn benodol, fyddai ar feddyliau pawb cyn diwedd y prynhawn hwnnw.

Wedi cymeradwyaeth frwd y dorf yn dilyn araith ddisgwyliedig y Prif Weinidog yn gofyn am undod ac am ymdrech cenhedloedd bychain fel Cymru i ddwyn y maen rhyfelgar i'r wal, aed ymlaen i baratoi'r llwyfan ar gyfer seremoni'r cadeirio. Gosodwyd y gadair dderw gerfiedig ar ganol y llwyfan, yn barod i dderbyn y bardd buddugol, wedi i T. Gwynn Jones orffen traddodi'r feirniadaeth. Ond er i Dyfed yr Archdderwydd gyhoeddi dair gwaith mai *Fleur-de-lis* oedd y bardd buddugol, ni chafodd ei alwad ei hateb. Ni chododd yr un bardd yn y babell fawr. I barhau â'r ddrama, daeth rhywun ymlaen a sibrwd yng nghlust yr Archdderwydd cyn iddo yntau gyhoeddi mai'r bardd buddugol oedd Pvt. E. H. Evans, 15th Battalion Royal Welsh Fusiliers (First London Welsh), a'i fod wedi syrthio 'rhywle yn Ffrainc'. Roedd y gynulleidfa yn syfrdan.

Wedi gosod y cwrlid du dros y gadair, daeth Madame Laura Evans-Williams ymlaen i ganu 'Gogerddan'. Yr oedd hithau dan deimlad yn ôl yr hanes, ac erbyn iddi orffen ei datganiad, yr oedd teimlad o ddigalondid wedi treiddio trwy'r gynulleidfa. Dilynwyd perfformiad Madame Laura Evans-Williams gan gyfraniadau'r beirdd, Dyfed yr Archdderwydd, Elfed ac R. Silyn Roberts, cyfraniadau a grybwyllwyd eisoes yn llythyr J. H. Williams. Drama yng ngwir ystyr y gair oedd y ddefod, mae'n debyg, oherwydd aed ymlaen â'r seremoni i ddechrau fel petai'n newyddion i bawb, ond mewn gwirionedd yr oedd swyddogion yr eisteddfod, os nad nifer helaeth o'r gynulleidfa yn gwybod eisoes am gwymp y bardd buddugol. Yr oedd ambell bapur newydd hyd yn oed wedi llwyddo i adrodd y stori ar union ddiwrnod y cadeirio.

Nid oedd yr un o deulu agos Hedd Wyn yn bresennol, ac nid oedd hyn yn annisgwyl efallai o gofio mai prin bythefnos oedd wedi mynd heibio ers iddynt glywed yn swyddogol am farw Ellis. Yn hytrach, cafodd y teulu eu cynrychioli yno gan Rolant Wyn, cefnder i Mary Evans, oedd yn byw yn Birkenhead, ac ef fu yng ngofal y Gadair Ddu wedi'r seremoni, ac yn gyfrifol am drefniadau i anfon y gadair i'w chartref newydd yn yr Ysgwrn. Cludwyd y gadair ar y trên o Birkenhead i Drawsfynydd, ond ar y ffordd mae'n debyg i ambell un

8 Woodsorrel Road
Birkenhead
Medi 10, 1917

Annwyl Berthynasau,

Ni raid i chwi ddiolch i mi am gymeryd gofal Cadair eich Annwyl Hedd Wynn. Y mae'n fraint genyf gael gwneyd. Bwriadaf ddod a hi yna – sef i'r Traws – ddydd mercher nis gwn yn sicr pa dren eto ond tebyg yw mai efo'r tren 12.55 o Birkenhead cyrhaedd yna 6.20. Diameu y gofelir am rywbeth i'w chludo o'r Orsaf gan ei bod yn anferth o drwm ac y gofelir am le iddi yn y Pentref hyd ar ol y Cyfarfod ...

Ystyriaf hi yn Gadair gyssegredig yn werth gwaed un o fechgyn mwyaf athrylithgar Cymru. Mi obeithiaf eich gweld a siarad llawer a chwi yng nghylch llawer o bethau pan ddof yna. Yr wyf wedi ysgrifennu at amryw o Blant enwog y Traws i'w hysbysu o'r Cyfarfod ac yn eu plith Syr Vincent Evans.

Mi gredaf y cawn gyfarfod i'w gofio yn hir iawn yn y Traws.

Yr eiddoch
gyda chofion
Rolant Wyn

gael cyfle i'w gweld. Un o'r rhai hynny oedd merch ysgol o Lyn Ceiriog o'r enw Lucy Margaret Jones, ac mae hi'n adrodd hanes hyfryd amdani hi a'i chyfoedion o'r ysgol yn cael cyfle i fynd i'r orsaf i gael cipolwg o'r gadair ar ei ffordd i Drawsfynydd. Cofnodir yr hanes hwn yn *Llyfr Lloffion yr Ysgwrn* (Gwasg Carreg Gwalch). Mae'n sôn am y trên yn nesu ac yn groes i'r arferiad yn peidio â rhoi ei chwibaniad, ond yn hytrach yn 'llithro'n ddistaw ar hyd y platfform', i bwysleisio dwyster yr achlysur. Cofia iddynt gael eu siarsio i fod yn ddistaw, ac yna bod y giard wedi agor y drysau a thynnu'r gorchudd du oddi ar y gadair enwog, gan eu gadael 'wedi ein syfrdanu wrth weld ei harddwch, a'i chywreinrwydd'.

Ceisiwr lloches oedd Eugeen Vanfleteren, sef saer y Gadair Ddu. Bu'n rhaid iddo ef ei wraig a'i ferch ffoi o Malines yng Ngwlad Belg oherwydd y rhyfel, ond cyn hynny, roedd yn saer a cherfiwr llwyddiannus ac yn fasnachwr llewyrchus. Yr oedd y gadair yn ddodrefnyn gwerthfawr felly, wedi ei chreu gan wir grefftwr.

Y Gadair Ddu yn y canol

Y mae'r Gadair Ddu, fel y dywed Rolant Wyn, yn gadair nodedig; mae'n gadair fawr, drom, ac yn llawn addurniadau a symboliaeth trwyddi, ac y mae dull Gerald Williams, nai i Hedd Wyn, o gyfeirio at y symboliaeth hon o fewn y cerfiadau yn unigryw.

Dyma ran o'r disgrifiad ohoni ym mhapur newydd *Y Brython*, 20 Medi 1917:

> ... dywedir gan wŷr cyfarwydd a'i gwelodd mai dyma'r Gadair Eisteddfod berffeithiaf a harddaf a wnaed erioed. Y mae'n Geltaidd drwyddi draw ... Gwêl llygad y cyfarwydd ... mor gywir a chelfydd y plethir ac y cyfunir yr arwyddluniau, creaduriaid ac arall, ac mor gain y cerfio ar bob modfedd o'r Gadair, o'i phen i'w thraed. Gresyn na chawsai'r llanc a'i hynillodd fyw i'w gweled.

I wel'd y Gadair Ddu.

CYNHELIR

Cyngherdd Coffa
HEDD WYN,
yn
Neuadd Gynnull, Bl. Ffestiniog,
Nos Iau, Rhagfyr 6ed, 1917

Cadeirydd—Parch JOHN HUGHES, Jerusalem
Arweinydd—BRYFDIR.

Cymerir rhan mewn Canu ac
Adrodd gan

Miss ANNIE DAVIES, Penrhyn ;
AC ENWOGION ERAILL.

Drysau yn agored am 630, i ddechreu am 7.

Aiff yr elw at Gofeb y Bardd yn Nhrawsfynydd

TOCYN, 8e.

*Manylyn yn dangos y cerfiadau
ar gadair Eisteddfod Birkenhead*

*Hysbyseb ar gyfer un o'r amryw
byd o gyngherddau coffa a
gynhaliwyd yn y misoedd yn
dilyn marwolaeth Hedd Wyn*

Trefnwyd i'r gadair gyrraedd Trawsfynydd felly, ac yn unol â dymuniad Rolant Wyn, fe fu cyngerdd mawreddog yno i anrhydeddu'r bardd ac i bawb o'r trigolion gael gweld y gadair arbennig. Yn yr un rhifyn o'r *Brython*, cawn gofnod manwl o'r cyngerdd a gynhaliwyd ar nos Iau, 13 Medi:

> Yr oedd y Neuadd fawr dan ei sang o'r bron gan faint y dorf
> a ddaeth ynghyd er garwed y ddrycin, dan gymhelliad ei
> hedmygedd o'i harwr athrylithgar syml a dirodres a dorrwyd
> i lawr ... Ar y llwyfan gwelid Bryfdir yn ddwys dan effaith Cadair
> Ddu Pen y Bircwy ac a fedyddiodd y llencyn yn Hedd Wyn yn
> Arwest Llyn y Morynion.

Aiff yr adroddiad ymlaen i nodi fod Evan Evans, tad Hedd Wyn, hefyd yn bresennol, ac yn eistedd wrth ochr y gadair ar y llwyfan, ond nid oes gofnod o weddill y teulu. Yr oedd yn gyfarfod teimladwy, yn ôl yr adroddiad, a hawdd deall hynny. Yr oedd pobl yr ardal yno i ddangos eu cydymdeimlad a hefyd i ymfalchïo yng nghamp yr un roedden nhw mor aml yn cyfeirio ato fel 'ein Hedd Wyn'. Yr oedd yn noson stormus, a'r afonydd wedi eu chwyddo gan lifogydd, a'r taranau yn clecian – noson briodol felly i gofio am y bardd a gollwyd yn rhyferthwy'r brwydro, a bu'r beirdd yn sydyn iawn i nodi'r eironi hwn.

Yn dilyn y cyngerdd, penderfynodd y cyfarfod coffa fod angen 'cofeb arhosol' i Hedd Wyn, a phasiwyd i fynd ati i gasglu 'cyfrol brydferth o'i holl waith'. Byddai casglu arian yn digwydd hefyd er mwyn sicrhau cofeb addas iddo yn Nhrawsfynydd. Aed ati'n syth i geisio dwyn gwaith Hedd Wyn ynghyd, ac nid tasg hawdd oedd honno gan nad oedd, fel y soniwyd eisoes, yn cadw ei waith yn ofalus. Bu J. R. Jones, yr ysgolfeistr lleol, ynghyd â Mary Catherine Hughes, athrawes ifanc yn Nhrawsfynydd, wrthi'n ddiwyd yn gohebu a chasglu cerddi ar gyfer y gyfrol. Anfonwyd llythyrau i'r wasg leol, ac at bwyllgorau eisteddfodau yn holi am gerddi gan Hedd Wyn, a gwahoddwyd J. J. Williams i olygu'r gyfrol. Yr oedd yna, wrth gwrs, ddisgwyl mawr amdani. Erbyn iddi weld golau dydd o dan yr enw *Cerddi'r Bugail* ym mis Awst 1918, yr oedd eisoes rai cannoedd o archebion mewn llaw. Argraffwyd mil o gyfrolau i ddechrau, ac o fewn ychydig ddyddiau roedd y cwbl wedi eu gwerthu; yn naturiol, cafodd ei hailargraffu'n syth a bu galw mawr amdani am sawl blwyddyn wedi hynny.

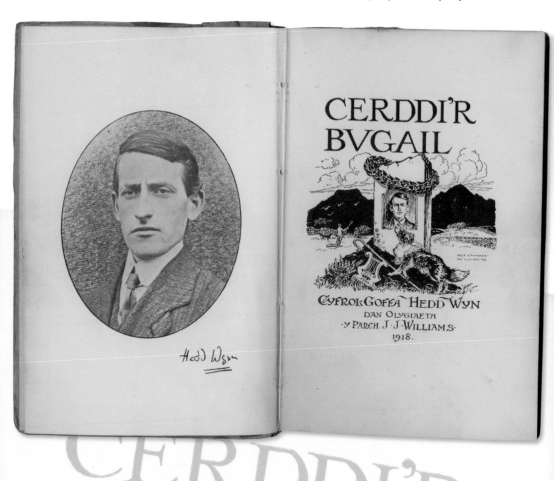

PENNOD 10:
'Y LLANC NAC ANGHOFIWCH ...'

Comisiynwyd L. S. Merrifield, cerflunydd ifanc o Lundain i lunio cofeb efydd o Hedd Wyn, ac ar 11 Awst 1923, dardorchuddiwyd y gofeb yn Nhrawsfynydd gan Mary Evans, mam y prifardd, a hynny o flaen torf o gannoedd o bobl. Bryfdir oedd yn arwain y cyfarfod a chafwyd araith agoriadol gan Syr E. Vincent Evans, Ysgrifennydd yr Eisteddfod Genedlaethol a thrysorydd y Pwyllgor Coffa Cenedlaethol. Ac yntau'n un o blant Trawsfynydd, pwysleisiodd bod y gofeb yn deyrnged gan genedl gyfan i un o fechgyn mwyaf athrylithgar Cymru. 'Nid a'n Ango' oedd y gerdd ddewiswyd i'w rhoi ar y gofeb – englyn gyfansoddwyd yn wreiddiol gan Hedd Wyn i gofio am gyfaill iddo, Lieut. D. O. Evans a laddwyd yn Ffrainc wrth gwrs. Daeth yr englyn i grisialu ffawd Hedd Wyn a channoedd o fechgyn Cymru.

5

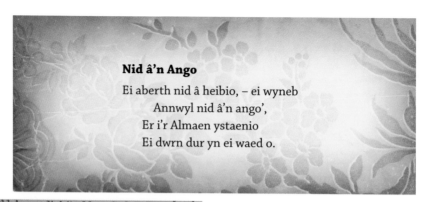

Nid â'n Ango

Ei aberth nid â heibio, – ei wyneb
Annwyl nid â'n ango',
Er i'r Almaen ystaenio
Ei dwrn dur yn ei waed o.

Mae beirdd, llenorion ac artistiaid wedi ymateb i'r Rhyfel Mawr ar hyd y blynyddoedd, ac yn parhau i wneud hynny. Ar y pryd, roedd hi'n gwbl naturiol bod cymaint o ymatebion wedi dod o du'r beirdd, ac roedd hi'n briodol iawn bod y gymdeithas ddiwylliedig Gymraeg yr oedd Hedd Wyn yn perthyn iddi wedi ymroi i ganu amdano. Cyhoeddwyd nifer o'r cerddi yn y papurau newydd, gan feirdd mawr a mân, gan gydnabod a chyfeillion iddo. Ond yn ddiamau, y gerdd enwocaf yw'r englynion a ganwyd gan R. Williams Parry yn fuan iawn wedi seremoni'r Gadair Ddu, ac yntau yng ngwersyll milwrol Morn Hill, Winchester, ar y pryd. Mae'n debyg bod R. Williams Parry wedi ymweld â'r Ysgwrn unwaith, ac y byddai felly wedi cyfarfod â Hedd Wyn.

Englynion Coffa Hedd Wyn

1

Y bardd trwm dan bridd tramor, – y dwylaw
    Na ddidolir rhagor:
    Y llygaid dwys dan ddwys ddôr,
    Y llygaid na all agor.

Wedi ei fyw y mae dy fywyd, – dy rawd
    Wedi ei rhedeg hefyd;
    Daeth awr i fynd i'th weryd,
    A daeth i ben deithio byd.

Tyner yw'r lleuad heno – tros fawnog
    Trawsfynydd yn dringo;
    Tithau'n drist a than dy ro
    Ger y ffos ddu'n gorffwyso.

Trawsfynydd! Tros ei feini – trafaeliaist
    Ar foelydd Eryri;
    Troedio wnest ei rhedyn hi,
    Hunaist ymhell ohoni.

2

Ha frodyr! Dan hyfrydwch – llawer lloer
    Y llanc nac anghofiwch;
    Canys mwy trist na thristwch
    Fu rhoddi'r llesg fardd i'r llwch.

Garw a gwael fu gyrru o'i gell – un addfwyn,
    Ac o noddfa'i lyfrgell;
    Garw fu rhoi'i bridd i'r briddell,
    Mwyaf garw oedd marw ymhell.

Gadael gwaith a gadael gwŷdd, – gadael ffridd,
    Gadael ffrwd y mynydd;
    Gadael dôl a gadael dydd,
    A gadael gwyrddion goedydd.

Gadair unig ei drig draw! – ei dwyfraich,
    Fel pe'n difrif wrandaw,
    Heddiw estyn yn ddistaw
    Mewn hedd hir am un na ddaw.

R. Williams Parry

Yn sicr, yn dilyn seremoni'r Gadair Ddu, fe gynyddodd y diddordeb yn Hedd Wyn yn aruthrol, ond mae'n rhaid cofio mai edrych yn ôl yr ydym ar gyfnod lle roedd teimladau a sentiment yn cael eu datgan mewn dull pur wahanol i'r hyn y byddem ni'n ei weld heddiw. I'n clustiau ni, efallai fod tueddiad i fod yn or-ramantus a blodeuog mewn nifer o'r cerddi coffa a gaed yng ngholofnau papurau newydd a chylchgronau'r cyfnod. Ond fe ddaeth Hedd Wyn yn fuan iawn yn symbol o'r colledion a daflodd cysgod y rhyfel dros gymunedau Cymru. Yr oedd cenhedlaeth gyfan wedi gweld colli pobl athrylithgar a thalentog, ac yr oedd diniweidrwydd a delfryd wedi eu cleisio y tu hwnt i unrhyw beth a oedd wedi digwydd cyn hyn.

> Yn raddol, troes yn fyth, yn ffigwr cwlt, yn symbol o'r aberthu ofer, hollol ddiangen, ar fywydau ifainc llawn addewid yn ystod blynyddoedd y gyflafan fawr ... Troes Hedd Wyn, yn anad yr un milwr arall o Gymro, yn symbol o'r blodyn a rwygwyd yn ei flaendwf cyn cyrraedd ei lawndwf.
>
> (Alan Llwyd, *Gwae Fi Fy Myw*, t. 274)

Nid y beirdd yn unig fu wrthi'n creu celfyddyd i'w goffáu; gwelwyd hefyd gardiau post a thaflenni yn cael eu cynhyrchu i'r un diben, fel fel y cerdyn a gyhoeddwyd gan Gwmni Hugh Evans a'i Feibion o Swyddfa'r *Brython*. Mae'n nodweddiadol iawn o arddull ramantaidd y cyfnod. Yn *Y Brython*, 10 Ionawr 1918, mae hysbyseb am y cerdyn post, neu'r Cof Gerdyn, yn ei ddisgrifio yn hynod hynod fanwl.

Mae'n ymddangos fod cryn feddwl wedi mynd i'r dyluniad, a difyr yw'r disgrifad manwl o bob delwedd, rhag i neb golli ystyr y gwahanol elfennau a ddarlunir. Bu'r cerdyn i'w weld ar aelwydydd fyrdd trwy Gymru a thu hwnt, gan ennyn edmygedd a hiraeth. Canodd Eifion Wyn englyn i'w ddisgrifio hyd yn oed:

COF GERDYN LLIWIEDIG HEDD WYN.— Y mae Mri. Hugh Evans a'i Feibion, Swyddfa'r *Brython*, wedi cyhoeddi cerdyn lliwiedig, sef copi o'r *oil painting* a wnaeth Mr. Kelt Edwards, yr arlunydd enwog o Flaenau Ffestiniog, yn gof am Hedd Wyn. Yn fras, dyma'r hyn sydd ar y cerdyn :—

Llun y bardd ar dalcen y gofadail; llwyn o flodau'r *fleur de lis* (ei ffug-enw) yn tyfu o ddaear ei fedd; telyn (*lyre*) doredig ei thannau yn pwyso'n fud a thrist ei hosgo ar ochr chwith y golofn; aderyn yn syn-edrych ar y fan a'i big ynghau; rhiain dlos yn gwyro'n wylofus ar grib y garreg; darn o deml (addoldy'r Awen) yng nghefn y golofn; a'r coed caeadfrig yn gadael i'r awelon leddf-sibrwd fel hyn wrth chwythu'n hiraeth fel cenedl am ein bardd mud :—

"Yn wir, mi garwn orwedd
Er ei fwyn yng nghwr ei fedd."

Cyhoeddir y cerdyn am ddwy geiniog, a diau y bydd nifer mawr o'r portread tlws a chyfriniol ei awgrym i'w weld yn mynd i bedwar ban byd bellach.

Cof Gerdyn Hedd Wyn a grewyd gan ddefnyddio un o baentiadau yr artist Kelt Edwards, Blaenau Ffestiniog.

I 'Gerdyn Hiraeth Hedd Wyn'

Wedi'i weled, rhaid wylo – dirioned
    Yw'r wyneb sydd arno;
    Y fun wen uwch ei faen o,
    Â gwedd drist y gwŷdd drosto.

Roedd stori Hedd Wyn, y bardd cadeiriol a gollwyd cyn iddo gael gwybod dim
am ei gamp, yn stori oedd yn cyffwrdd calonnau, wrth gwrs. Ac fel heddiw, yr
oedd diddordeb di-ben-draw mewn unrhyw hanesyn fyddai'n ychwanegu at
ramant y stori. Ymgais felly, o bosib, oedd erthygl gan Carneddog yn *Yr Herald
Cymraeg*, ar 29 Ionawr, 1918, dan y pennawd, 'Hedd Wyn a'i Gariad, Ei Gerddi
Serch i Sian'.

Roedd natur y cerddi serch o eiddo Hedd Wyn a ymddangosodd yng ngholofn
Carneddog yn amrywio – ambell un yn gellweirus, weithiau'n herio a phryfocio,
ond yr oedd pob un, serch hynny, yn fyfyrdod ar garwriaeth a ddaeth i ben
oherwydd i'r bardd ddisgyn yn y brwydro. Cerddi syml llanc ifanc i'w gariad
ydynt, ond maent yn ddirdynnol o drist o ystyried ffawd Hedd Wyn.

'Fel y mae'n wybyddus yr oedd y bardd ieuanc, Hedd Wyn o Drawsfynydd, yn cyfeillachu er's tro gyda merch ieuanc o Ffestiniog, sef Miss Jennie Owen, Pant Llwyd – geneth amddifad o dad a mam, ddiymhongar a deallgar. Arferai y bardd wneyd can arbennig iddi ar ddydd ei phen blwydd, cyn iddo orfod mynd at y fyddin, ac wedi iddo fynd i wersyll Litherland a drosodd i Ffrainc, anfonodd aml i ganig serch iddi gyda'i lythyrau.

Dengys y cerddi nwyfiant ac angerddoldeb ei gariad tuag ati, ac y mae rhywbeth yn brudd, trawiadol, a rhamantus yn eu mynegiant. Derbyniodd y gan ddiweddaf yn y gyfres isod ddau ddiwrnod ar ol iddo gwympo yn Ffrainc, felly dyma ei gerdd ffarwel i'w hoffus Sian. Diau y darllenir y caneuon tyner a byw hyn gyda theimlad dwys gan lawer, yn enwedig gan rianod a llanciau Cymru. Gellir rhestru Jennie Owen, o Bant Llwyd, gyda Myfanwy Fychan o Gastell Dinas Bran (gwrthrych serch Hywel ab Einion Lygliw) a Lleucu Llwyd o Bennal (ar ol yr hon y canodd Llywelyn Goch ap Meurig Hen un o'r galaethau mwyaf teimladwy) ac a'r Ferch o Is-Gonwy (fu'n destyn galarnad anfarwol Dafydd Nanmor).

Dwfn gydymdeimla pawb a Jennie Owen ar ol colli ei chariad cywir ar faes y gyflafan fawr cyn clywed am ei fawrfri ym myd llen.'

(*'Hedd Wyn a'i Gariad, Ei Gerdd Serch i Sian'*, Yr Herald Cymraeg *29 Ionawr 1918*)

Yn Sŵn y Gwynt

Hoffter fy nghalon yw canu cân
A'i hanfon hi heno yn syth i Sian
Llawn yw y goedwig o'r corwynt glan,
A llawn yw fy nghalon innau o Sian.
Cofiwch, 'rhen Jennie, er gwaethaf pob cur,
Fu neb yn eich caru erioed mor bur.

(*Yr Herald Cymraeg* 29 Ionawr 1918)

I Miss Jennie Owen, ar ei phen-blwydd yn 25 oed

Gwn, mi wn, fod llawer Jennie
Ym mhob gwlad a phlwy',
Gyda rhos ieuenctid heini
Ar eu gruddiau hwy;
Ond mi wn am Jennie arall,
Lanach fil ei phryd,
Ac i honno minnau ganaf –
Jennie dlysa'r byd.

Gwn ei bod yn 'ffleiar' enbyd,
Er yn od o hardd,
Ond ai tybed wnaiff hi rhywbryd
Wawdio serch ei bardd?
Ond p'run bynnag, mi ddymunaf
Iddi hi bob llwydd:
Na ddoed ati ysbryd 'fflirtio'
Ar ei dydd pen-blwydd!

Gweld ei llun wna bois Ffestiniog
Yn y fflamau tân,
Waeth gen i am lun na phictiwr
Os y caf fi Sian;
Tybed fydd o'n ormod imi
Ofyn yma'n rhwydd
Am eich llaw a'ch calon, Jennie,
Ar eich dydd pen-blwydd?

Cerdda Awst tros fro Ffestiniog,
Tros y graig a'r coed,
Chwithau'n sefyll fel ar riniog
Pump ar hugain oed;
Ar eich dydd pen-blwydd, 'rhen Jennie,
Wnewch chi ddweud i mi –
P'run ai'r Bardd ai rhywun arall
Biau'ch calon chwi?

(*Yr Herald Cymraeg* 29 Ionawr 1918)

Cerdd arall gan Hedd Wyn sydd unwaith eto'n adleisio'r un sentiment, yw 'Gwenfron a Mi'. Cyfansoddwyd y gerdd ymddangosiadol ramantaidd a theimladwy hon cyn bod sôn am ymuno yn y brwydro. Mewn gwirionedd, mae'n fynegiant o ddyhead y miloedd o filwyr ifanc a laddwyd – sef cael dychwelyd i'w cymunedau, dod o hyd i gymar o bosib, ac yn bennaf oll, yr hyn mae pawb yn ei ddeisyfu yn y bôn, sef cael y cyfle i heneiddio – braint syml iawn na ddaeth i ran y bardd, na nifer fawr o'i gyfoedion:

Gwenfron a Mi

Cydgerdded wnâi Gwenfron a minnau un tro,
A chwerthin yr awel ym mrigau y fro;
Roedd lloer yn yr awyr, a lloer yn y llyn,
Ac eos yn canu o laslwyn y glyn;
A serch ar ei orau ar noson fel hyn.
Ac yno yn suon yr awel a'r lli
Gwnaed cymod annatod rhwng Gwenfron a mi.

Flynyddoedd maith wedyn 'roedd coedydd y glyn
Heb ddeilen, nac awel, dan eira gwyn, gwyn;
'Roedd oriau ieuenctid ers talwm ar ffo,
A mil o ofalon yn llanw y fro,
A'r corwynt yn ubain o'r coed yn ei dro;
Ond chwerwed gaeafau, a rhued y lli,
Ni thorrir mo'r cymod wnaeth Gwenfron a mi.

Mae Gwenfron a minnau yn hen erbyn hyn,
A'r hwyr ar ein pennau fel eira gwyn, gwyn;
Mae'n llygaid yn llwydo fel dydd yn pellhau,
A nerth ein gewynnau o hyd yn gwanhau;
Ond, wele, mae'n cariad o hyd yn cryfhau.
I'r tiroedd di-henaint sy draw tros y lli
Rhyw symud yn dawel wna Gwenfron a mi.

PENNOD 11:
DAIL GWASGAREDIG

Mewn Album

Cerdda rhai adwaenom heno
Ewrop bell ddi-gainc,
Lle mae dafnau gwaed ar fentyll
Prydain Fawr a Ffrainc.

Cysga eraill a adwaenom
Yn y fynwent brudd;
Lle mae'r awel fyth yn wylo,
Wylo nos a dydd.

Troeog iawn yw llwybrau bywyd
Megis gwynt yr hwyr;
Pa le'n cludir ninnau ganddo,
Duw yn unig ŵyr.

Claddwyd Hedd Wyn mewn bedd ger Iron Cross, heb fod ymhell o'r fan lle y syrthiodd ar Gefn Pilkem. Yn wahanol i filoedd o filwyr, nad oes cofnod o gwbl o fan eu gorffwys, cafodd man claddu Hedd Wyn ei nodi gan groes bren fechan. Dychwelwyd y groes hon i Drawsfynydd ac mae bellach yn cael ei harddangos yng Nghanolfan Treftadaeth Llys Ednowain yn y pentref.

Ar ddiwedd y rhyfel, symudwyd corff Hedd Wyn i un o'r mynwentydd newydd a grëwyd, sef mynwent Artillery Wood, Boesinghe, ger Ieper neu Ypres. Uwch ei fedd y mae'r un garreg wen unffurf ag sydd yn nodi man gorwedd miloedd o filwyr tebyg. Ond yn unol â dymuniad y teulu, ar y garreg uwch ei fedd, yn ogystal â'i rif yn y fyddin, ei enw, enw ei gatrawd, a dyddiad ei farwolaeth, ceir hefyd y geiriau 'Y Prifardd Hedd Wyn'. Nid aeth Evan a Mary Evans i weld man gorffwys olaf eu mab, ond bu i Bob ymuno â chriw o Gymry a deithiodd i weld y bedd yn 1934. Dros y blynyddoedd, daeth yn gyrchfan i ymwelwyr o bob cwr o Gymru a'r byd.

Erbyn hyn, mae cofeb ar ffurf cromlech gyda delwedd efydd o ddraig goch anferth arni i'w gweld ger Langemark, Ieper, i gofnodi'r fan lle disgynnodd cynifer o fechgyn ifanc Cymru yn ystod brwydrau cyrchoedd Ieper. Mae'r gymuned leol yn ardal Ieper hefyd wedi chwarae rhan allweddol yn y gwaith o gadw hanes Hedd Wyn yn fyw i'r rhai sy'n dewis ymweld. Cynhelir gwasanaeth byr yno yn fisol, i gadw'r cof am y milwyr o wlad fechan fel Cymru a frwydrodd i helpu gwlad fechan arall mewn cyfnod tywyll iawn yn ei hanes.

Bedd Hedd Wyn yn Artillery Wood

I ŵr o'r enw Lieven Dehandschutter y mae'r diolch pennaf am yr holl sylw a gaiff Hedd Wyn a'i gyd-Gymry yno. Digwyddodd daro ar y gofeb yn Nhrawsfynydd wrth deithio trwy Gymru, tua 1976. Adnabu y gair 'Pilkem', ac aeth i holi am y gofeb a dod i ddysgu am stori'r bardd o Drawsfynydd.

Bob Evans wrth fedd ei frawd

Bu ymweliadau wedyn rhwng trigolion Trawsfynydd a Ieper, a bu i Lieven Dehandschutter ymweld â chartref y bardd yn yr Ysgwrn yn ogystal. Mae hanes y bardd o Drawsfynydd i'w weld ar fur caffi yn agos at y fan lle cafodd ei daro, sef caffi Hagebos yn Langemark, ac mae baner y ddraig goch yn dal i gyhwfan uwchben y caffi bach, a'r man lle daeth bywydau cymaint o fechgyn ifanc Cymru i ben mor ddisymwth.

Francis Ledwidge

Yn yr un fynwent yn Artillery Wood mae bardd arall wedi ei gladdu, sef y bardd Gwyddelig, Francis Ledwidge o bentref Slane, swydd Meath – un arall o leisiau'r Rhyfel Mawr. Cyhoeddwyd cyfrol ganddo, *Songs of the Fields* (1915), tra oedd yn gwasanaethu yn y fyddin. Mae'n syndod gymaint oedd gan Hedd Wyn ac yntau yn gyffredin o safbwynt eu cefndir. Ganwyd Francis Ledwidge yn 1887, yr un flwyddyn â Hedd Wyn, a chafodd yntau hefyd ei feithrin yn ifanc iawn i farddoni ar aelwyd gymharol dlawd ond diwylliedig. Fel Hedd Wyn, yr oedd yn lled ddi-ddysg, a bu'n gweithio'r tir yn llanc ifanc cyn penderfynu mynd i ffwrdd i Ddulyn i weithio mewn siop a chwilio am fywyd gwell. Ond fel Hedd Wyn yng nghymoedd y de, cael ei lethu gan hiraeth wnaeth Francis Ledwidge hefyd, ac yn ôl y sôn, cerddodd y deg milltir ar hugain yn ei ôl i'w gartref yn Slane.

Natur a'r ardal wledig o amgylch ei gartref oedd yn ysbrydoli'r bardd ifanc o Iwerddon yn ogystal, a chanai i'r adar a'r coed a'r rhyfeddodau a welai o'i gwmpas yn swydd Meath. Ond yr oedd hefyd yn genedlaetholwr Gwyddelig ac roedd ei waith yn adlewyrchu teimladau a dyheadau gwleidyddol radical ei wlad. Yn raddol, daeth yn enw adnabyddus yng nghylchoedd diwylliedig Dulyn; ac fel sawl bardd ifanc arall, cyhoeddwyd ei waith yn y papurau newydd ac mewn cylchgronau llenyddol.

Ymunodd â'r Royal Inniskilling Fusiliers yn gynnar yn y rhyfel. Yr oedd rhai yn honni iddo wneud hynny oherwydd i'w gariad droi ei chefn arno, ond dyheadau gwleidyddol oedd yn ei gymell yn ôl eraill, a'r posibilrwydd y byddai angen hyfforddi i ffurfio byddin effeithiol ar gyfer Iwerddon rydd. Beth bynnag fo'r rheswm, roedd un peth yn sicr: rhesymau pur wahanol oedd i gyfrif am bresenoldeb y bardd o Slane a'r bardd o Drawsfynydd yn y ffosydd, ynghanol rhai o'r brwydrau mwyaf erchyll a welodd y byd erioed. Ac yn wahanol i Hedd Wyn, bu Francis Ledwidge mewn sawl brwydr, gan deithio gyda'i gatrawd i Dwrci, Groeg a Serbia. Pan dorrodd Gwrthryfel y Pasg yn 1916, yr oedd Francis Ledwidge yn awyddus i ddychwelyd i Iwerddon i ymuno yn y gwrthryfel, ond cafodd ei orfodi i barhau yn y fyddin. Digalonnwyd ef ymhellach o glywed am y driniaeth a gawsai nifer o'r gwrthryfelwyr Gwyddelig, a dyma pryd yr ysgrifennodd ei farwnad enwog i Thomas MacDonagh, un o'r arweinwyr a ddienyddiwyd gan y fyddin Brydeinig.

Diddorol yw nodi sylw gan Wyddel fu'n garcharor yn Frongoch wedi Gwrthryfel y Pasg yn 1916 am bobl yr ardal. Meddai: 'We were out for a route march yesterday, the country is picturesque enough, but the people appear slavish and impoverished.' Argraffiadol neu beidio, mae'r sylw hwn am werin cefn gwlad Cymru yn ymddangos yn daeog a gwasaidd yn darlunio'r gagendor oedd yna rhwng Cymru ac Iwerddon yn y cyfnod hwn o safbwynt yr ymdeimlad cenedlatholgar ar lawr gwlad. Roedd delfrydau mudiad Cymru Fydd dan arweiniad dynion megis O. M. Edwards a Beriah Gwynfe Evans yn sicr heb dreiddio i waith Hedd Wyn. Cefndir heddychlon, ymneilltuol y gymdeithas yr oedd yn perthyn iddi sydd yng ngwaith y bardd ifanc o Drawsfynydd yn anad dim arall, ac ni cheir arlliw o ganu cenedlatholgar ganddo.

Lladdwyd Francis Ledwidge yntau ar 31 Gorffennaf. Roedd wrthi'n trwsio'r ffordd ar gyfer cario miwnisiwns i'r llinell flaen pan ffrwydrodd siel yn ei ymyl. Ar y gofeb iddo gerllaw mynwent Artillery Wood rhoddwyd y geiriau canlynol o'i gerdd 'Lament for Thomas MacDonagh':

He shall not hear the bittern cry
In the wild sky, where he is lain
Nor voices of the sweeter birds
Above the wailing of the rain.

Cyhoeddwyd ail gyfrol o gerddi Francis Ledwidge, *Songs of Peace*, ychydig fisoedd wedi ei farwolaeth.

Daeth y gerdd hon gan Francis Ledwidge yn un o'i weithiau eiconig, fel y daeth 'I Wyneb y Ddrycin' i gynrychioli profiadau Hedd Wyn yn filwr:

A Soldier's Grave

Then in the lull of midnight, gentle arms
Lifted him slowly down the slopes of death,
Lest he should hear again the mad alarms
Of battle, dying moans, and painful breath.

And where the earth was soft for flowers we made
A grave for him that he might better rest.
So, Spring shall come and leave it sweet arrayed,
And there the lark shall turn her dewy nest.

Bu'r Rhyfel Mawr yn destun dirdynnol i sawl bardd a welodd y dinistr â'u llygaid eu hunain. Wrth i'r brwydro fynd yn ei flaen ac i'r colledion gynyddu ar raddfa erchyll, cafodd llawer eu dadrithio gan achos y rhyfel. Daeth Wilfred Owen, y bardd ifanc o Groesoswallt a gollwyd yn nyddiau olaf y rhyfel, i gynrychioli'r beirdd anfoddog hyn. Daeth y newydd i'w rieni am ei farwolaeth ar ddiwrnod y cadoediad ar 11 Tachwedd 1918; roedd yn bump ar hugain oed. Un o'i gerddi enwocaf, yn ddiamau, yw 'Dulce et Decorum Est', gyhoeddwyd wedi ei farw, cerdd sy'n ymdrin ag effaith y nwy gwenwynig ar y milwyr yn y ffosydd mewn ffordd graffig, ysgytwol.

I Wyneb y Ddrycin

Af allan i wyneb y ddrycin
I grwydro hyd lethrau y bryn;
Disgynned y glaw ar fy nillad,
A chaned y gwynt fel y myn.

Af allan i wyneb y ddrycin,
'Does undyn yn unman a'm clyw;
'Does neb am oleuo fy llwybr
Ond y mellt yn ehangder Duw.

Af allan i wyneb y ddrycin
Hyd erwau y ddafad a'r oen;
Griddfanned y storm ar fynyddoedd
Fel darn o ogoniant poen.

Gorwyntoedd gwallgof y bryniau
Sy'n canu telynau o frwyn,
O cludwch, o cludwch fy ngriddfan
At rywun a wrendy fy nghwyn.

Pan gaeo fy llygaid wrth farw
Goleued y mellt draws y glyn,
Disgynned y glaw ar fynyddoedd
A chaned y gwynt fel y myn.

Dulce et Decorum Est
(detholiad)

If in some smothering dreams you too could pace
Behind the wagon that we flung him in,
And watch the white eyes writhing in his face,
His hanging face, like a devil's sick of sin;
If you could hear, at every jolt, the blood
Come gargling from the froth-corrupted lungs,
Obscene as cancer, bitter as the cud
Of vile, incurable sores on innocent tongues,
My friend, you would not tell with such high zest
To children ardent for some desperate glory,
The old Lie: *Dulce et decorum est*
Pro patria mori.

Byddai'r geiriau 'Dulce et decorum est pro patria mori' yn cael eu defnyddio'n aml fel geiriau o gysur wrth goffáu'r bechgyn. Ond celwydd, meddai'r bardd, oedd yr arwyddair 'Mor felys a chywir yw marw dros dy wlad' gan na welodd y milwyr hyn ddim yn felys yn y brwydro, dim ond dioddefaint a thor calon. Yr oedd llais y gŵr hwn a fu ynghanol brwydro erchyll am dair blynedd yn sicr yn tynnu'n groes i bropaganda llywodraeth y dydd. Am dair wythnos yn unig y bu Hedd Wyn yn agos at y llinell flaen, ac er iddo yntau weld ei gyfeillion yn disgyn a gweld effaith hynny ar y gymuned gartref yn Nhrawsfynydd, nid oes yr un teimlad cignoeth i'w ganfod yn ei gerddi rhyfel ef. Fodd bynnag, mae dicter amlwg i'w glywed yn ei gerdd enwocaf, 'Rhyfel':

Rhyfel

Gwae fi fy myw mewn oes mor ddreng,
A Duw ar drai ar orwel pell;
O'i ôl mae dyn, yn deyrn a gwreng,
Yn codi ei awdurdod hell.

Pam deimlodd fyned ymaith Dduw
Cyfododd gledd i ladd ei frawd;
Mae sŵn yr ymladd ar ein clyw,
A'i gysgod ar fythynnod tlawd.

Mae'r hen delynau genid gynt
Ynghrog ar gangau'r helyg draw,
A gwaedd y bechgyn lond y gwynt,
A'u gwaed yn gymysg efo'r glaw.

Copyright by the North Wales Comrades of the Great War. For permission to reproduce as a Banner apply Rev. J. Griffiths, M.A., Bl. Festiniog, General Secretary.

Yn Nhrawsfynydd fel ymhob cymuned arall trwy Gymru a gwledydd Prydain, daeth cyfran o'r dynion a'r merched a fu'n ymladd adref yn ddiogel, ond gyda chreithiau'r rhyfel wedi gadael eu hôl arnynt am byth, yn emosiynol a chorfforol. Un gŵr ifanc o'r fath oedd Ellis Williams, gwas fferm o Drawsfynydd, a ymunodd â'r fyddin yn 1915. Anafwyd Ellis Williams yn ddifrifol ym mrwydr Coed Mametz, a bu'n rhaid iddo gael triniaeth arloesol i geisio adfer rhan o'i wyneb. Yn y gyfrol gan Garffild Lloyd Lewis, *Adref o Uffern*, a gyhoeddwyd gan Wasg Carreg Gwalch yn 2016. Cofnodir ei ddisgrifiad o'r driniaeth a gafodd gan lawfeddyg o'r enw Auguste Valadier a arbenigai mewn grafftio cnawd: 'Y gorchwyl cyntaf ynglŷn â fi fy hun ydoedd gwneud gwefus uchaf, am ei bod wedi cael ei chwythu [i ffwrdd] a'm dannedd i gyd o un

Plant Trawsfynydd 1915

Pe doech yn ôl i fro eich cydnabod,
Chwi welech fel cynt,
Eira fel llynges dlos o wylanod
Ar lanw y gwynt.

Gwelech lwydni y gaeaf diwenau
Ar fynydd a rhos;
Clywech y corwynt fel storm o dduwiau
Yng nghanol y nos.

Yma mae celloedd gwag dan y ddrycin
Yn fud a di-fri,
A'r gwynt yn chwilio pob llofft a chegin
Amdanoch chwi.

Pell yw'r ieuenctid llawen eu dwndwr
Fu'n cerdded y fro;
'Chydig sy'n mynd at y Bont a'r Merddwr
Yn awr ar eu tro.

Holi amdanoch â llais clwyfedig
Mae'r ardal i gyd;
Chwithau ymhell fel dail gwasgaredig
Ar chwâl tros y byd.

ochr, a fy nhrwyn. Ymhen mis yr oedd gen i wefus uchaf, ac yn medru siarad.' Mae'n mynd ymlaen i sôn amdano'n dychwelyd adref wedi ei driniaeth, a'i dad ei hun ddim yn ei adnabod.

Ond ddaeth nifer fawr o genhedlaeth ifanc Trawsfynydd ddim adref i adrodd yr hanes. Ar y wal uwchben cadeiriau Hedd Wyn yn y parlwr bach yn yr Ysgwrn mae darlun sy'n dwyn yr enw 'Arwyr Trawsfynydd', ac arno wynebau deg ar hugain o fechgyn Trawsfynydd a laddwyd yn y Rhyfel Byd Cyntaf arno; yn eu canol y mae llun Hedd Wyn. Ar y naill ochr i'r llun mae'r geiriau, 'Eu Haberth nid El Heibio', ac ar yr ochr arall, 'Mewn Angof ni Chant Fod'. Canodd Hedd Wyn i nifer dda o'r bechgyn hyn yn benodol, a chanodd iddynt hefyd yn ei benillion, 'Plant Trawsfynydd 1914', a 'Plant Trawsfynydd 1915'.

Rhai ohonoch sy 'merw y brwydrau
Yn y rhyfel draw,
A sŵn diorffwys myrdd o fagnelau
O'ch cylch yn ddi-daw.

Eraill sy'n crwydro gwledydd pellennig
Yn alltud eu hynt
Ac yn eu calon atgo Nadolig
Yr hen ardal gynt.

P'le bynnag yr ydych, blant Trawsfynydd,
Ar ledled y byd,
Gartre mae rhywrai ar eu haelwydydd
Yn eich cofio i gyd.

Ni all pellterau eich gyrru yn ango,
Blant y bryniau glân;
Calon wrth galon sy'n aros eto,
Er ar wahân.

A phan ddaw gŵyl y Nadolig heibio
I'r ddaear i gyd,
Blant Trawsfynydd, tan arfau neu beidio,
Gwyn fo eich byd.

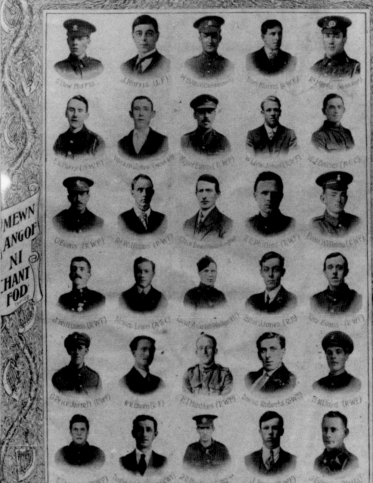

PENNOD 12:
CADW'R AELWYD

Gadawodd y Rhyfel Mawr fylchau dirifedi ar aelwydydd Cymru; amcangyfrifir bod tua 40,000 o ddynion Cymru wedi eu colli yn y brwydro. Mae llawer o ddamcaniaethu wedi bod ymysg haneswyr a chymdeithasegwyr dros y blynyddoedd ynghylch sgileffeithiau'r rhyfel ar gymunedau a adawyd i geisio codi'r darnau teilchion o fywydau oedd yn weddill. Mewn gwirionedd, ychydig iawn o deuluoedd yng Nghymru oedd heb deimlo unrhyw effaith o gwbl o ganlyniad i'r rhyfel ofnadwy hwnnw.

Hyd yn oed heddiw, mae ergyd y golled yn dal yn fyw ym meddyliau disgynyddion y teulu, ac mae'r hiraeth am Hedd Wyn wedi ei wreiddio yn ddwfn yn yr Ysgwrn, fel y cyfleir yn yr englyn canlynol gan Alan Llwyd:

Yr Ysgwrn

Mae artaith y nosweithiau – o hiraeth
    Yng ngherrig y muriau;
    Yn nwyster trwm y distiau
Mae eco cydwylo dau.

Yn ystod y blynyddoedd cyntaf wedi marwolaeth Ellis, byddai llif cyson o ymwelwyr yn dod i'r Ysgwrn i gyfarfod â'i rieni. Hawdd dychmygu y gallai'r hanes fod wedi mynd yn angof wrth i'r llif hwnnw dawelu, ac wrth i Mary ac Evan Evans fynd i oed ac i'r plant adael y nyth. Ond nid felly y bu.

Symudodd tair o'r merched o'r ardal. Daeth Cati yn wraig i'r bardd gwlad, Morris Jones neu Morus Cyfannedd, Arthog. Ymgartrefodd Mary yn Winchester wedi iddi symud yno yn wreiddiol oherwydd ei gwaith, a phriododd ŵr o'r enw Bert Bush; bu ef hefyd yn ymladd yn y ffosydd yn rhan o'r Hampshire Regiment, cyn iddo dderbyn swydd postmon. Priododd Maggie hithau gyda Tom Roberts, glöwr yng nglofa Gresffordd, gan ymgartrefu yn

Wrecsam. Aros yn yr ardal fu hanes Enid, a phriodi Morris Jones Morris o Drawsfynydd. Felly hefyd Anni a briododd Ivor Williams, llongwr yn ystod y rhyfel a ddaeth i Drawsfynydd yn sgil crynhoi'r llyn. Gwnaeth y ddau eu cartref yn Nhy'n Coed, heb fod ymhell o'r Ysgwrn.

Ivor ac Anni
Williams

Ond bu farw Anni ar ddechrau'r 1930au, yn fam ifanc, ergyd arall i Evan a Mary Evans, does dim dwywaith, a oedd gyda hynny wedi gweld claddu pump o'u plant. Gadawodd Anni ŵr a phedwar o blant bach ar ei hôl, sef Ellis, Gerald, Reg a Malo. O reidrwydd, gwahanwyd y teulu bach a phenderfynwyd anfon Malo yn fabi wyth mis oed i fyw at ei modryb Maggie i Wrecsam ac aeth Reg, yn ddyflwydd oed, i lawr i East Stratton, ger Winchester at Mary a Bert Bush. Roedd hynny'n gadael y ddau fachgen hynaf, y ddau heb fod eto yn chwech oed. Yn y cyfnod hwnnw byddai'n anodd iawn i'r tad fagu'r hogiau a pharhau i weithio, ac felly penderfynwyd y byddai'n rhaid chwilio am le iddynt mewn cartref plant. Ond ni chaniataodd Mary Evans i hynny ddigwydd. A hithau dros ei thrigain ac wedi wynebu cymaint o golledion, mynnodd fod y ddau fach i ddod ati hi i'r Ysgwrn. Y penderfyniad hwn, mewn gwirionedd, sydd wedi diogelu hanes a threftadaeth yr Ysgwrn hyd heddiw.

Bu'n fagwrfa hapus i Ellis a Gerald gyda'u taid a'u nain, a'u hewythrod, Bob ac Ifan oedd yn ddibriod ac wedi aros gartref ar y fferm. Tystia Gerald Williams iddynt gael digon o ryddid gan yr hen wraig, gan iddynt fod yn 'blant da'. Fel hyn y mae'n dwyn i gof sgwrs ar fore glawog rhynddgo ef a'i nain, gyda'r hen

Reg, Gerald ac Ellis

Enid a Magi

Mary ac Evan Evans gyda un o'u hwyrion

Bob, Ifan a'u tad yn y cynhaeaf gwair

Plant Anni: (yn eistedd)
Ellis a Gerald; Malo a Reg

Cati a'i merch,
Awena

Magi a Tom Roberts
gyda Malo

Bob, Enid ac Ifan;
Magi yn y cefn

Xmas 1947

Malo Roberts (Bampton)

wraig yn gofyn: 'Wyt ti am fynd i'r ysgol heddiw?' ac yntau'n ateb, 'Na, mae hi'n bwrw glaw, yn tydi!' A gartref y bu, fel y dywed yntau, yn brysur efo'r defaid a'r ŵyn. Arferai Malo a Reg hwythau yn blant dreulio wythnosau ar y tro yn yr Ysgwrn dros gyfnod y gwyliau gan brofi aelwyd gynnes, groesawgar yno a chyda'u modryb Enid yn y pentref.

Yr Ysgwrn fu cartref Ellis a Gerald Williams am ran dda o'u hoes, a bu'r ddau yn dyst i'r croeso mawr y byddai Mary Evans yn ei estyn nid yn unig i'w theulu, ond hefyd i gymdogion ac i ddieithriaid fyddai'n ymweld â'r Ysgwrn. Mae gan Gerald a Malo gof plentyn o'u taid yn eistedd yn ei gadair wrth y tân yn smocio'i getyn, a'u nain yn hael ei sylw i'w hwyrion – dau gymeriad addfwyn, ond gwydn. Cafodd Evan a Mary Evans fyw i oedran teg: bu farw Evan yn 1942, a Mary yn 1953. Cyn eu marwolaeth, addawodd y ddau ŵyr y byddent hwy, fel eu hewythrod Ifan a Bob, yn cadw'r cof am Hedd Wyn yn fyw, ac y byddai tân a chroeso cynnes yn disgwyl ymwelwyr bob amser ar aelwyd yr Ysgwrn. Ifan a Gerald fu'n gyfrifol am y fferm, tra bu Bob yn gweithio i'r cyngor. Bu Ellis am gyfnod yn gweithio yn y 'camp' ym Mronaber, yn gofalu am y fflagiau rhybudd pan fyddai'r gynnau ymarfer yn tanio. Cyn ymddeol gweithiai yn yr Atomfa yn Nhrawsfynydd, ond yn eironig ni ddaeth trydan erioed i ffermdy'r Ysgwrn. Wedi marw Bob ac Ifan Evans, parhaodd y ddau frawd, Ellis a Gerald Williams, i groesawu'r ymwelwyr i'r Ysgwrn, gan adrodd hanes eu hewyrth enwog a'r Gadair Ddu yn eu dull dihafal eu hunain.

Pan fu farw Ellis Williams yn 1998, symudodd Gerald i'r 'cwt' fel y mae'n galw'r bwthyn unllawr ar fin y ffordd wrth ymyl yr Ysgwrn, ac ers 1998, ef sydd wedi bod yn croesawu pobl i'r Ysgwrn o bedwar ban byd, yn deuluoedd, cymdeithasau, haneswyr ac ysgolheigion gan sicrhau fod y tân dal ynghynn, a'r stori yn fyw o hyd.

Ni fu fawr o newid yn yr Ysgwrn oddi ar gyfnod Hedd Wyn, ac eithrio dyfodiad y generadur ar gyfer y peiriant golchi dillad. Golau lamp a fflamau'r tân fu'n taenu golau gwan a chreu cysgodion rhwng y dodrefn tywyll a'r parwydydd ar hyd y cenedlaethau. Wrth gamu i mewn trwy'r drws i'r gegin gallwch yn hawdd gamu yn ôl i'r diwrnod y gadawodd Ellis Humphrey Evans yr Ysgwrn am Litherland. Eto i gyd, mae rhywun yn ymwybodol nad amgueddfa sydd yma, ond cartref; cartref a welodd golli mab disglair a ddaeth i gynrychioli cenhedlaeth gyfan a gollwyd ar faes y gad yn y Rhyfel Mawr.

Ar ddydd Gŵyl Dewi 2012, daeth y newyddion fod Parc Cenedlaethol Eryri wedi prynu'r Ysgwrn, sy'n adeilad rhestredig gradd II*, ynghyd ag oddeutu 168 erw o dir, a hynny gyda chymorth Cronfa Goffa'r Dreftadaeth Genedlaethol a Llywodraeth Cymru. Trosglwyddwyd yr awenau a llwyddwyd i ddiogelu cartref Hedd Wyn i genedlaethau'r dyfodol. Cynhaliwyd arwerthiant ar y fferm ym Medi 2012 a llwyddwyd i gadw'r ddiadell o ddefaid mynydd Cymreig a'r gwartheg duon, ac mae tenant newydd bellach yn ffermio tir yr Ysgwrn.

Parhaodd Gerald Williams, ynghyd â chyfeillion a swyddogion o'r Parc Cenedlaethol, i groesawu pobl i'r Ysgwrn a chynhaliwyd sawl diwrnod agored yno er mwyn hyrwyddo'r gwaith o ddatblygu'r Ysgwrn fel safle o bwysigrwydd cenedlaethol. Caewyd y tŷ i'r cyhoedd ym mis Tachwedd 2015 er mwyn dechrau ar y gwaith cadwraeth i adfer a diogelu'r deunyddiau a'r dodrefn gwerthfawr oedd yno – gwaith a oedd yn gofyn am gryn dipyn o ofal gan fod nifer o'r celfi erbyn hyn yn bur fregus. Yn sgil hyn, dadorchuddiwyd sawl arteffact diddorol yn y tŷ, fel yr haenau niferus o bapur wal ar y parwydydd.

Replica o'r Gadair Ddu   *Gerald Williams a'r Gadair Ddu*

Yn ogystal, cafodd y Gadair Ddu enwog driniaeth arloesol. Gwnaed sgan 3D ohoni er mwyn cofnodi'r symbolau gwych a gerfiwyd arni gan Eugeen Vanfleteren – symbolau Cristnogol, Celtaidd a Groegaidd. Yna, aed ati i gynhyrchu copi o'r gadair a dadorchuddiwyd y replica yn y Senedd yng Nghaerdydd ym mis Ionawr 2015. Cafodd ei arddangos hefyd yn Senedd Gwlad Belg ar ddydd Gŵyl Ddewi 2016, gan dynnu sylw unwaith eto at y stori yn y wlad lle bu'r bardd farw.

Yn ystod y cyfnod y bu'r Ysgwrn ar gau, croesawyd ymwelwyr i Blas Tan y Bwlch i gael clywed yr hanes gan swyddogion y Parc Cenedlaethol; yno, caed model maint llawn o'r gegin, a'r celfi wedi eu creu gan blant yr ardal mewn gweithdai celf gyda'r artist Luned Rhys Parri. Cynhaliwyd diwrnodau agored yn gyson yn yr Ysgwrn hefyd er mwyn i'r cyhoedd gael gweld y datblygiadau diweddaraf.

Agorir Canolfan yr Ysgwrn ddechrau'r haf 2017, a hynny ar drothwy canmlwyddiant marw Hedd Wyn. Bydd y Gadair Ddu enwog i'w gweld yno – y gadair wag sy'n symbol o bob cadair a adawyd yn wag ar aelwydydd ar draws Cymru. Mae'r ganolfan yn dangos bywyd mewn ffermdy nodweddiadol Gymreig ar ddechrau'r ugeinfed ganrif, ac yn dangos fel y cyffyrddodd hanes un bachgen ifanc cyffredin o'r ffermdy hwnnw fywydau cenedlaethau o Gymry, gan ddod yn symbol o'r hyn a gollwyd oherwydd y Rhyfel Mawr.

Peidio Dysgu Rhyfel Mwy

(detholiad)

Y mae nodau'r afon fechan
Yn dal i alw tua'r geulan,
Tra bo gweflau'r awel oer yn noethi'u dant,
Mae enwau'r dynion na ddaeth adre
I'w gweld ar faen ger sgwâr y pentre,
Yr enwau nawr a roddir ar y plant.

Ond wedi'r cofio, wedi'r wylo,
Wedi cyfri gwerth y brwydro,
Beth yw'r neges inni o'r hen glwy?
Troi'r cleddyfau yn geibiau,
Y gwaywffyn yn grymanau,
A chofio peidio dysgu rhyfel mwy.

Tecwyn Ifan

ATGO

Dim ond lleuad borffor
Ar fin y mynydd llwm;
A sŵn hen afon Prysor
Yn canu yn y cwm.

Hedd Wyn

DIOLCHIADAU

Dymunaf ddiolch yn ddiffuant iawn am y cymorth parod a gefais wrth lunio'r gyfrol gan deulu'r Ysgwrn, yn arbennig Gerald Williams, Malo a Patrick Bampton ac i Awdurdod Parc Cenedlaethol Eryri, yn arbennig Naomi Jones, Sian Griffiths a Jess Enston. Diolch i'r canlynol am yr holl wybodaeth, y trafodaethau difyr, a'r cyngor di-ben-draw: Keith O'Brien, Vivian Parry Williams, Beryl Griffiths, Awel Jones, Elwyn Edwards, Rhian Parry, Elizabeth Jones ac Elin Jones. Diolch hefyd i deulu'r diweddar Morris Davies, yn arbennig Menna Lloyd Jones a Delwyn Roberts ac i Archifdy Meirionnydd a Llyfrgell Genedlaethol Cymru am eu cymorth hwythau.

Diolch i Barddas am y cyfle i lunio'r gyfrol, ac yn arbennig i Elena Gruffudd am ei gwaith diflino; hefyd i Olwen Fowler am ei gwaith dylunio creadigol, i Huw Meirion Edwards am ei lygad craff, i William Howells am lunio'r mynegai ac i Iola Wyn am ei brwdfrydedd.

Yn olaf, diolch i deulu a ffrindiau am eu hamynedd, a'u hanogaeth.

MYNEGAI

CYDNABYDDIAETHAU LLUNIAU

Gyda diolch yn arbennig i Barc Cenedlaethol Eryri am ganiatáu i nifer o luniau ffotograff o Gasgliad yr Ysgwrn gael eu hatgynhyrchu yn y gyfrol hon: tt. 8, 10, 12, 20, 22, 50–51, 55, 57, 59, 60, 91, 96–98, 106, 108, 109, 111, 121, 130, 132, 135, 137–139

Atgynhyrchwyd toriadau papur newydd o'r *Brython*, *Y Clorianydd*, *Y Cymro*, *Y Dydd* ac *Yr Herald Cymraeg* drwy gydweithrediad Llyfrgell Genedlaethol Cymru

t. 6 'Y Gadair Ddu', *Y Cymro*, 12 Medi 1917 © Cambrian News Ltd.

t. 14 'Fountain Pen', Llyfr Lloffion 'Trawsfynydd: Traddodiadau a Hanes y Plwyf' (Cyfrol 35), Casgliad Morris Davies (1944), Llyfrgell Genedlaethol Cymru © Gerald Williams

t. 23 'Artillery Camp Trawsfynydd No. 5', Casgliad Olwen Fowler

'Artillery in Action' – R. A. Camp Trawsfynydd', Casgliad Keith O'Brien

t. 27 'Beth am Sir Gaernarfon', *Yr Herald Cymraeg*, 29 Medi 1914 © *Daily Post*/Trinity Mirror North Wales

'Artillery Station, Trawsfynydd', Casgliad Keith O'Brien

t. 28 'Lloyd George, Syr Henry Jones, John Williams, Brynsiencyn', Gwasanaeth Archifau Gwynedd

t. 29 'I'r Gad Gymry Annwyl', *Y Brython*, 26 Tachwedd 1914 © Cambrian News Ltd.

t. 31 'Gofyniad i ddynion sydd heb ymrestru', cyhoeddwyd gan The Parliamentary Recruiting Committee, London, WW1 Poster No. 76 (1915), Casgliad Llyfrgell Genedlaethol Cymru

'Anibyniaeth sydd yn galw am ei dewraf dyn', WW1 Poster No. 127, Casgliad Llyfrgell Genedlaethol Cymru

t. 36 © Imperial War Museums

t. 37 'Ymrestru ym Meirionydd a Threfaldwyn', *Yr Herald Cymraeg* © *Daily Post*/Trinity Mirror North Wales

t. 42 'Royal Engineers yn Ffrainc 1914–1918', Casgliad Llyfrgell Genedlaethol Cymru

t. 44 *Y Dydd*, 10 Tachwedd 1916 © Cambrian News Ltd.

t. 47 © Imperial War Museums

t. 48 'Merched Mewn Gwaith', *Y Dydd*, 3 Tachwedd 1916 © Cambrian News Ltd.

t. 50 'Ysgol Amaethyddol Madryn', *Y Cymro*, 21 Ebrill 1915 © Cambrian News Ltd.

t. 52 'Jane Roberts', Archif Menywod Cymru

t. 53 Hysbyseb 'Sunlight Soap', *Y Clorianydd*, 12 Mai 1915

t. 54 'Merched a'r Rhyfel', *Y Clorianydd*, 12 Mai 1915 © Cambrian News Ltd.

t. 69 Llythyr J. W. Jones, *Yr Herald Cymraeg*, 12 Medi 1916 © *Daily Post*/Trinity Mirror North Wales

t. 73 Llawysgrif awdl 'Yr Arwr', Llawysgrif Bangor 23333, Gwasanaeth Llyfrgell ac Archifau Prifysgol Bangor

t. 75 Llythyr 'Rhywle yn Ffrainc', Llawysgrif Bangor 23333, Gwasanaeth Llyfrgell ac Archifau Prifysgol Bangor

t. 79 Simon Jones, Casgliad Beryl Griffiths

tt. 84–85 © Imperial War Museums

t. 86 'Dyddiau Olaf Hedd Wyn', *Yr Herald Cymraeg*, 2 Hydref 1917 © *Daily Post*/Trinity Mirror North Wales

t. 87 'Cwrs y Rhyfel', *Y Genedl*, 7 Awst 1917 © *Daily Post*/Trinity Mirror North Wales

t. 93 *Y Rhedegydd*, Casgliad Elin Jones

t. 101 'Eisteddfod Genedlaethol Birkenhead', *Y Cymro*, 12 Medi 1917 © Cambrian News Ltd.

t. 102 © Illustrated London News Lt./Mary Evans Picture Library

t. 110 *Y Rhedegydd*, Casgliad Elin Jones

t. 112 'Cof Gerdyn Hedd Wyn', *Y Brython*, 10 Ionawr 1918 © Cambrian News Ltd.

tt. 119–120 Mynwent Artillery Wood a Bedd Hedd Wyn – lluniau'r awdur

t. 122 Francis Ledwidge, © Francis Ledwidge Museum

t. 126 © Imperial War Museums

t. 127 Casgliad Olwen Fowler

t. 138 Gerald Williams a'r Gadair Ddu, Casgliad Keith O'Brien